Wanderspaß mit Kindern
Bayerische Alpen

Lisa und Wilfried Bahnmüller,
Michael Pröttel

BRUCKMANN

Inhalt

Einleitung 5

AMMERGAUER BERGE UND WERDENFELSER LAND

1. **Beste Unterhaltung auf dem Berg- und Auwaldpfad** 12
   Am Walderlebniszentrum Ziegelwies bei Füssen

   Wissen Rücksicht auf die Umwelt 16

2. **Durch die Schlucht zum Aussichtsberg** 18
   Auf den Schnalzberg über die Ammerschlucht

3. **Einsamer Gipfel mit spannender Klamm** 22
   Zum Steckenbergkreuz und durch die Schleifmühlenklamm

4. **Tolle Rundtour mit leichter Klettersteig-Option** 25
   Vom Laber aufs oder rund ums Ettaler Manndl

5. **Abwechslungsreiche Runde mit Einkehrmöglichkeit** 29
   Vom Ettaler Sattel auf die Notkarspitze

6. **Burgruine und Bobbahn** 32
   Zur Veste Schaumburg in Ohlstadt

7. **Herrlicher Ausblick zwischen Skipiste und Bobbahn** 36
   Über die Kochelbergalm zum Riessersee

8. **Schwindelerregende Aussicht** 40
   Im Wettersteingebiet

9. **Wo das wilde Wasser schäumt und brodelt** 44
   Durch die Partnachklamm bei Garmisch

10. **Barfuß zur Aussicht** 48
    Über den Kranzberg

    Spiele Motivationsspiele beim Gehen 52

TEGERNSEER, SCHLIERSEER UND ISARWINKLER BERGE

11. **Spannende Kammwanderung mit Seilbahn-Unterstützung** 56
    Vom Herzogstand zum Heimgarten

Inhalt

12 **Auf den beliebten Aussichtsgipfel** 60
Vom Kesselbergsattel zum Jochberg

13 **Wasserfälle mit Spurensuche** 63
Auf den Stutzenstein

14 **Sonnenverwöhnte Runde mit schönem Wildbach** 67
Von der Jachenau auf den Hirschhörnlkopf

15 **Parade-Voralpenberg mit Sommerrodelbahn** 70
Auf den Blomberg und den Zwiesel

16 **Sonnige Wanderung über dem Isartal** 74
Perfekte Spritztour auf die Sonntraten

17 **Almen-Paradies mit Panoramablick** 78
Auf das Brauneck, den Lenggrieser Hausberg

Basteln Schnitzen 82

18 **Kleiner Berg mit großer Aussicht** 84
Auf die Hochalm

19 **Gipfelerlebnis mit Klettereinlage** 88
Über die Sonnbergalm auf den Roßstein

20 **Steiler Fels über dem Weißachtal** 92
Auf den Leonhardstein

21 **Vorhang auf für die Bühne der Natur** 96
Auf dem Wassererlebnisweg durch die Weißachau

22 **Bergauf gehen – bergab schweben** 100
Suttenstein und Stümpfling

23 **Wasserfälle und historische Bahntrasse** 104
Im Josefstal

24 **Drei einfache Wege zum Spiel- und Einkehrklassiker** 108
Auf die Schliersbergalm

INNTAL UND MANGFALLGEBIRGE

25 **Sonnenverwöhnter Anstieg über schönes Almgelände** 114
Von Hochkreut auf den Wendelstein

26 **Spannende Wanderung zur perfekten Einkehr** 118
Zum Bergcafé Siglhof

Spiele Spiele am Wasser 122

27 **Mit etwas Kraxelei auf den Gipfel** 124
Über den Vogelsang zum Kleinen Traithen

28 Obst, Mooraussicht und noch viel mehr 128
Auf die Tregler Alm

29 Actionreiche Tour für große und kleine Kinder............... 132
Am Hocheck

30 Abwechslungsreiche Wanderung mit Bahnfahrt 136
Durch die Gießenbachklamm zur Schopperalm

31 Perfekte Familientour mit gewaltigem Panorama 140
Auf das Kranzhorn

BERCHTESGADENER LAND UND CHIEMGAU

32 Aussichtsreiche Almwanderung mit Bademöglichkeit........ 146
Auf den Brennkopf

Wissen Naturbeobachtung mit Kindern 150

33 Großartige Aussichten vom sagenumwobenen Berg 152
Auf den Heuberg

34 Wo der Kaiserschmarrn lockt 156
Zur Doaglalm

35 Leichte Bergtour mit toller Aussicht 160
Von Sachrang auf die Karspitze

36 Bergerlebnis für die ganze Familie.......................... 164
Auf die Hochplatte

37 Spielend am Wasser entlang zur urigen Einkehr 168
Auf dem Waldbahnweg zur Harbachalm

38 Wissenswertes auf dem Almerlebnisweg.................... 172
Zur Mordaualm

39 Alles Käse oder was? 176
Auf die Halsalm

Spiele Spiele im Wald und auf der Wiese 180

40 Rundtour am tosenden Wasser 182
Durch die Almbachklamm

Tourenüberblick 186

Orts- und Sachregister 190

Impressum, Touren- und Bildnachweis 192

Wenn wir auf Tiere während der Wanderung treffen, dann ist der Spaß garantiert.

Einleitung

Spaß soll es machen. Das ist das Wichtigste. Denn nur wer Spaß am Wandern und Bergsteigen hat, wird immer wieder gerne losziehen. Und das gilt natürlich für die ganze Familie. Wir Eltern wollen uns in der Natur erholen und gleichzeitig Zeit mit unseren Kindern verbringen. Und die wollen vor allem eines: Kind sein!

Sie wollen spielen, Action haben, sausen dürfen, die Umgebung erkunden und erforschen, manchmal unterhalten werden, lecker essen, durch die Natur streifen und Dinge ausprobieren, die sie vorher noch nicht versucht haben. All das können wir hervorragend beim Bergsteigen und Wandern vereinen.

Wandertouren mit Kindern unterscheiden sich dabei nicht großartig von denen der Erwachsenen. Für sie gilt das bewährte Sprichwort von Konfuzius »Der Weg ist das Ziel« besonders. Es muss nicht immer der Gipfel sein, Hauptsache der Weg macht Spaß!

Altersempfehlungen

Unsere Altersangaben sind nur Richtlinien. Aus eigener Erfahrung wissen wir, dass gerade bei Kindern sehr viel von der individuellen Tagesform abhängt. Was gestern leicht zu schaffen war, ist eine Woche später zu anstrengend und steht unter dem Motto »Ich kann nicht mehr«. Kleinere Konditionslücken lassen sich spielerisch abfangen. Aber Kinder dürfen sich niemals überfordert fühlen. Wenn Kinder müde werden, legen wir eine Pause ein oder lenken sie ab. Danach geht es meist munter weiter. Und wenn nicht? Umdrehen sollte nie ein Problem sein. Einige der Touren lassen sich auch abkürzen.

Gehzeiten und Höhenangaben

Wir haben uns sehr um genaue Zeit- und Höhenangaben bemüht. Aber gerade mit Kindern sind die Gehzeiten sicherlich nicht objektiv. Die orientieren sich eher an der unteren durchschnittlichen Erwachsenenleistung. Mit Kindern werden Sie vermutlich länger brauchen. Alle aufgeführten Zeiten verstehen sich als reine Gehzeit und dienen nur als Richtlinie. Pausen und die große Gipfelrast muss man dazurechnen. Auch ein ausreichendes Zeitfenster für Unvorhersehbares wie Wettersturz, abgerutschte Wege oder Umwege gehört dazu. Die Höhenangaben beziehen wir aus unseren GPS-Daten. Eine Richtlinie ist dabei immer die Differenz des Ausgangspunktes und des höchsten Bergzieles.

Sicherheit

Ein Punkt, der uns selbst sehr am Herzen liegt, ist die Sicherheit am Berg. In meiner Familie bin ich eher die Ängstliche, der sogenannte Bremser. Im Gegensatz zu meinem Mann, der sehr viel mehr auf die Fähigkeiten unserer Kids vertraut. Es gibt aber – und das ist nun mal wie überall im Leben – Wegabschnitte, auf denen definitiv kein Fehltritt passieren darf, denn dort wären Unfälle wirklich fatal.

Deshalb bitten wir Sie eindringlich, das Können Ihrer Kinder genau einzustufen, um ihnen dann sicher über die kritischen Stellen zu helfen. Manchmal hilft da schon eine Hand oder auch eine Reepschnur, das ist ein kurzes Stück Kletterseil, das man für wenig Geld im Sportfachhandel erwerben kann.

Einleitung

Kleine Kinder sollten das Wort »Stopp« kennen und befolgen, außerdem dürfen sie nicht alleine vorneweg sausen. Bei Größeren gilt die Devise: In Sichtweite bleiben oder zumindest an der nächsten Weggabelung warten!

Egal zu welcher Jahreszeit – es gibt immer etwas zu entdecken.

Sinnvoll ist die Mitnahme eines Handys. Die Alpen sind mittlerweile zum Großteil mit einem sehr zuverlässigen flächendeckenden Empfangsnetz ausgerüstet. Wenn die moderne Technik nichts mehr nutzt, gibt es immer noch das alte, aber bewährte alpine Notsignal. Es besteht aus sechs optischen oder akustischen Signalen in der Minute (alle zehn Sekunden rufen, pfeifen oder winken), dann folgen drei Minuten Pause vor einer Wiederholung. Als Antwort erfolgt dreimal pro Minute ein Signal.
Wichtig bereits vor der Tourenplanung ist auch das Wetter. Unvorhersehbare Wetterumschwünge sind in den Bergen nicht selten. Vor allem im Sommer müssen wir besonders am Nachmittag mit Gewittern rechnen. Wer von

einem Gewitter überrascht wird, sollte exponierte Wegstellen unbedingt meiden. Alleinstehende Bäume, Gipfel und deren Kreuze oder Drahtseilsicherungen stellen tödliche Gefahrenquellen da. Am besten wird die Tour unverzüglich abgebrochen oder man sucht Schutz in Senken oder Mulden in einer am Boden zusammengekauerten Haltung.

Außerdem muss man stets einen Blick auf die Uhr werfen. Gerade, wenn man erst gegen Mittag startet, sollte man nicht in Zeitnot geraten. Im Dunkeln einen Berg hinunterzutapsen ist kein Vergnügen und gefährlich. Das gilt vor allem im Spätherbst, wenn es früh am Nachmittag schon wieder dunkel wird.

Ausrüstung

Feste Wanderstiefel (Trekkingschuhe) sind Grundvoraussetzung für sicheres Wandern in den Bergen. Falsches Schuhwerk (Halbschuhe, Turnschuhe etc.) bietet niemals genügend Halt und ist Auslöser für viele Unfälle. Teleskopstöcke für uns Erwachsene sind vor allem beim Abstieg bequem und entlasten die Gelenke. Gut, wenn sie klein und leicht sind und an den Rucksack gebunden werden können, denn manchmal braucht man auch seine Hände. Außerdem werden sie gerne als Spielzeug zweckentfremdet.

Natürlich brauchen auch Kinder bequeme Kleidung zum Wandern. Am besten ist Funktionswäsche, denn wenn man schwitzt, trocknet sie schneller. Windstopper, Mütze, Sonnenkappe, aber auch ein Wechselshirt sind nie verkehrt. Für die Kinder packen wir gerne noch einen zusätzlichen warmen Pulli ein. Am Nachmittag oder für den Weg durch ein schattiges Tal schadet er nie. Besonders im Herbst kann der Wind bitterkalt pfeifen. Gerade bei Wasserspielen sollten wir an die Wechselkleidung denken. Für einige der Touren kann man im Sommer seine Badesachen mitnehmen.

Sonnenschutz mit starkem Lichtschutzfaktor gehört auch in den Rucksack. Ebenso wie ein Insektenabwehrmittel. Familien mit Windelkindern packen unbedingt eine Plastiktüte für die vollen Windeln mit ein. Denken sie daran, dass man auf den Bergen und in den Hütten und Almen seinen Müll nicht entsorgen kann.

Vernünftig ist auch ein kleines Erste-Hilfe-Täschchen mit Rettungsfolie (Fachhandel), das gut im Rucksack liegt und nicht viel Platz wegnimmt. Weniger wichtig, aber manchmal praktisch und schön sind Fotokamera, Bestimmungsbücher für Flora und Fauna, Taschenmesser und gerne auch mal ein winziges Vorlese-Büchlein, um die Zeit zu vertreiben.

Einleitung

Das Allerwichtigste am Berg ist aber die Brotzeit! Auch wenn auf fast allen Touren eine Einkehrmöglichkeit besteht, ist doch eine Gipfelbrotzeit oder ein Picknick ein unvergessliches Erlebnis. Da sind der Fantasie keine Grenzen gesetzt. Vor allem mit Getränken dürfen wir nicht sparen. Wobei Wasser, Tee oder eine Saftschorle den Durst besser stillen als süße Limonade. Wer lieber einkehren möchte, sollte bedenken, dass echte Almen nur im Sommer bestoßen werden und Berggasthäuser Ruhetage oder Betriebsferien haben. Deshalb packen wir für unsere Kinder immer eine kleine Brotzeit ein. Obst, Müsliriegel oder Kekse und so manches Gummibärchen helfen dann über anstrengende Wegabschnitte. Außerdem weiß jeder, der Kinder hat, dass Hunger und Durst grundsätzlich dann auftreten, wenn gerade nichts vorhanden ist. Also lieber zu viel als zu wenig!

Eine Brotzeit schmeckt am Berg gleich doppelt so lecker.

Ein langer Baumwipfelweg wartet auf uns am Naturerlebniszentrum Ziegelwies.

Ammergauer Berge und Werdenfelser Land

1 Beste Unterhaltung auf dem Berg- und Auwaldpfad

AM WALDERLEBNISZENTRUM ZIEGELWIES BEI FÜSSEN

Spannender können Wanderungen kaum sein, auch wenn die Tour heute nicht auf einen richtigen Berg führt. Aber am Walderlebniszentrum Ziegelwies können wir gleich zwischen zwei Naturlehrpfaden wählen: dem Auwaldpfad und dem Bergwaldpfad. Beide sind definitiv ein tolles Naturerlebnis und eine erlebnisreiche Wanderung für die ganze Familie.

Das Walderlebniszentrum Ziegelwies liegt etwas außerhalb von Füssen, direkt am Lech und kurz vor dem Grenzübergang nach Österreich. Am bes-

leicht   3,5 km   1,5 Std.   130 m

Tourencharakter Eine herrliche Wanderung überwiegend auf kleinen Wanderwegen entweder fast eben durch den Auwaldpfad oder mit leichter Ansteigung durch den Bergwaldpfad. Kinderwagentauglich! **Altersempfehlung** Ab 3 Jahren **Ausgangs-/Endpunkt** Parkplatz des Walderlebniszentrums Ziegelwies **GPS-Daten** 47°33'28.4"N 10°41'35.0"E **Anfahrt** **Auto:** Über die A 7, B 310 oder B 17 nach Füssen, dort weiter auf der B 17 Richtung Reutte; Ziegelwies liegt direkt an der Grenze, der größere Parkplatz dazu bereits auf österreichischer Seite. **Bahn/Bus:** Mit der Bahn bis Füssen, dann mit dem Bus in Richtung Reutte/Tirol, Haltestelle Ziegelwies **Öffnungszeiten** Das Außengelände kann täglich besucht werden, im Winter werden die Wege allerdings nicht geräumt, bei Hochwasser ist der Auwaldpfad nicht zugänglich. **Preise** Alles kostenfrei, Baumkronenweg ab 16 Jahren 4 €, Kinder frei **Ausrüstung** Feste Schuhe; Brotzeit; eventuell ein Handtuch, es gibt Wasserspielmöglichkeiten. **Einkehr** Unterwegs keine **Karte** Kompass 1:50 000, Nr. 4 Füssen Außerfern **Information** Walderlebniszentrum Ziegelwies, Tirolerstr. 10, 87629 Füssen, Tel. 08362/938 75-50, www.walderlebniszentrum.eu

Beste Unterhaltung auf dem Berg- und Auwaldpfad

Im Auwaldpfad gibt es eine spannende Flussquerung.

ten starten wir vom Parkplatz auf österreichischer Seite, denn dort beginnt der spannende Baumkronenweg (kleine Weggebühr), der uns zum Walderlebniszentrum führt.

Die über 480 Meter langen und bis zu 21 Meter hohen, leicht schwankenden Stege sorgen schon mal für den ersten Nervenkitzel. Es macht einfach Spaß, sich die Welt aus diesem erhöhten Standpunkt anzusehen.

Am Walderlebniszentrum müssen wir uns entscheiden, denn dort beginnen zwei absolut kindgerechte Lehrpfade: der Auwaldpfad und der Bergwaldpfad.

Indoor-Klettergarten

Wenn das Wetter nicht mitspielt, findet ihr in Füssen eine tolle Alternative. Am Vaude-Outlet-Center in der Schäfflerstraße 19b gibt es einen Indoor-Hochseilgarten. Zu den Ladenöffnungszeiten könnt ihr ihn besuchen. Wenn eure Eltern gleichzeitig dort einkaufen, ist der Eintritt besonders günstig. Ein absoluter Geheimtipp!

Wer sich beide Wege erwandern möchte, startet besser mit dem Bergwaldpfad, denn das ist der konditionell anstrengendere Abschnitt. Außerdem gelangen wir auf dem Auwaldpfad zu den herrlich sonnigen Rast- und Badestellen am Lechufer, und die liegen dann praktischerweise fast schon im letzten Drittel der Wanderung.

Der Bergwaldpfad befindet sich auf der östlichen Seite der B 17. Dafür queren wir die Straße an der Ampel des Walderlebniszentrums oder wir finden den dunklen Tunnel, der auf der Auwaldseite liegt. Der ist für Kinder natürlich viel spannender, müssen sie sich doch den Tunnel mit einem Bachlauf teilen, in dem – zum Glück – große Felssteine den Weg trockenen Fußes ermöglichen. Drüben beginnt dann im Uhrzeigersinn der 1,7 Kilometer lange Rundweg. Er führt bergauf durch den Schutzwald. Dabei dürfen wir über Spinnennetze klettern, wie Affen schaukeln, auf Holz-Xylophonen musizieren oder einen Jägerhochstand erobern. Wer schafft es, die Weitsprungmarken von Hase, Fuchs oder Rehbock zu knacken? Unterwegs wird die Bedeutung des Bergwaldes als wichtiger Schutzwald anhand von Informationstafeln erklärt.

Bei so viel Action sausen die Kinder ganz von alleine und so stehen wir bald wieder am Walderlebniszentrum. Dessen Ausstellungsräume lassen sich natürlich auch besichtigen (Öffnungszeiten in der Nebensaison Di bis Do 10–16 Uhr, Fr 10–13 Uhr, vom 1. Mai bis Ende Oktober täglich von 10–17 Uhr).

Bad Faulenbach

Auf der anderen Seite des Lechs gibt es einen dritten Naturlehrpfad. In Bad Faulenbach liegt das Tal der Sinne mit seinen Kneipp-Tretbecken, dem Barfußpfad und einem herrlichem Freibad für alle, die im Sommer noch Lust auf Schwimmen haben.

Entlang der Strecke liegen viele Erlebnis- und Mitmachstationen.

Der Auwaldpfad führt hinunter an die Ufer des Lechs. Viele Mitmachstationen wie Tastboxen, Kletterbäume, ein Floß, ein Matschpfad und Hängematten wollen erkundet werden. Interessante Themen wie Hochwasser, Flussbegradigung und die Bedeutung des Auwaldes werden erklärt. Familien mit Kinderwagen bleiben auf den Hauptwegen, aber es gibt auch immer wieder herrlich enge Schleichpfade durch den Auwald. Im Sommer sollten wir unbedingt Badesachen mitnehmen, am Lechufer gibt es herrliche Stellen zum Planschen. In den Altwasserbecken kann man sogar baden.
Wer noch Lust und Energie hat, kann am nördlichen Ende des Auwaldpfades einen kurzen Abstecher zum nahen Naturwunder Lechfall unternehmen. Dort sprudelt der Lech über mehrere Stufen hinab und zwängt sich im Anschluss durch eine enge Felsschlucht. Den besten Blick hat man von dem Steg, der auf die andere Seite des Lechs führt.

WISSEN

Rücksicht auf die Umwelt

Kinder sollte man im Gebirge von Anfang an dafür sensibilisieren, dass Flora und Fauna so wenig wie möglich beeinträchtigt werden. Die breite Palette an Rücksichtnahme-Möglichkeiten beginnt damit, dass man keinen Müll hinterlässt, führt über den wichtigen Aspekt, dass man Tiere nicht unnötig durch lautes Herumschreien aufschrecken soll, und endet beim Thema »Abschneider zerstören die Vegetation«. Dieses Motto ist leider auch bei Erwachsenen keinesfalls in Fleisch und Blut übergegangen. Hierbei ist es hilfreich den Kindern einfach zu sagen, dass sich Abkürzungen bei starkem Regen in kleine Wildbäche verwandeln können, die wichtigen Humus mit sich reißen.

Auch mit dem Sammeln von Pflanzen ist es so eine Sache. Geschützte Arten dürfen natürlich keinesfalls abgerissen werden. Aber auch nicht geschützte Blumen verwelken schnell auf Tour, sodass sie am Parkplatz dann oft weggeworfen werden. Eine gute Idee ist es, dass die Kids ihrer Oma also keinen Blumenstrauß, sondern ein schönes Blumenbild (gemalt oder auch fotografiert) aus

den Bergen mitbringen. Kleinere Trophäen wie schöne Steine, besondere Wurzeln oder breit gefächerte Kiefernzapfen dürfen selbstverständlich mitgenommen werden.

Und auch wenn ein Lagerfeuer Jung wie Alt gleichermaßen großen Spaß macht – auf Feuermachen sollte man auf einer Bergtour unbedingt verzichten. Wenn allerdings in talnahen Bereichen Feuerstellen bereits vorhanden sind, kann man diese durchaus benutzen, darf als Brennmaterial aber natürlich nur alte, herumliegende Äste verwenden.

Rücksicht auf die Umwelt wird in vielen Wanderregionen übrigens auch durch interessante Naturlehrpfade vermittelt. Heutzutage gehören lange Texte mit unnötig viel wissenschaftlicher Information der Vergangenheit an. Die besten Lehrpfade befinden sich oft in oder in der Nähe von Nationalparks. Hier gibt es auch meistens tolle Besucherzentren, wo Jung und Alt durch Ausstellungen, Tastkästen, Umweltspiele oder Naturfilme die einzigartige Berglandschaft besser kennenlernen. Die Besucherzentren sind natürlich das ideale Ausweichziel für einen grauen Regentag. Erkundigen Sie sich also gleich auf der Anreise bei der jeweiligen Tourist-Info, ob und wo Naturlehrpfade vorhanden sind.

2 Durch die Schlucht zum Aussichtsberg

AUF DEN SCHNALZBERG ÜBER DIE AMMERSCHLUCHT

Kaum jemand kennt diesen unscheinbaren Moränenhügel im Alpenvorland bei Peiting. Umso mehr verblüfft die wunderbare Aussicht auf die nahen Berge. In Kombination mit dem steilen Anstieg durch die Ammerschlucht sprechen wir dann schon von einer waschechten Bergtour!

Wir starten vom Wanderparkplatz am Ende der Schnalzbergstraße und folgen der Beschilderung zum Kalkofensteg auf einem Wanderweg in südlicher

mittel   10,5 km   3,5 Std.   280 m

Tourencharakter Eine Wanderung sowohl auf breiten Waldwegen als auch auf schmalen, steilen Wanderwegen, die durch viele Treppen leichter begehbar sind. An einigen Stellen sind Trittsicherheit und etwas Schwindelfreiheit erforderlich. **Altersempfehlung** Ab 5 Jahren **Ausgangs-/Endpunkt** Wanderparkplatz Schnalzstraße, Peiting **GPS-Daten** 47°46'39.6"N 10°57'02.4"E **Anfahrt Auto:** Wir fahren auf der B 472 von Weilheim aus Richtung Schongau und an der Ausfahrt Peiting Süd rechts auf die B 23, die wir nach 300 m nach rechts in die August-Moralt-Straße verlassen. Vor der Firma Gaplast geht es rechts in die Schnalzbergstraße. Wir folgen ihr, fahren unter der B 472 durch und parken auf dem Wanderparkplatz am Ende der kleinen Wohnsiedlung. **Bahn/Bus:** Peiting liegt an der Bayerischen Regiobahn Weilheim-Schongau. Vom Bahnhof Peiting-Ost durch die Kohlenstraße, den Leitenweg und den Mittleren Weg, der in die Schnalzstraße übergeht, zusätzlich ca. 3 km. **Einkehr** Unterwegs keine, genügend Brotzeit und Getränke mitbringen! **Karte** Kompass 1:50 000, Nr. 179 Pfaffenwinkel **Information** Tourist-Info Peiting, 86971 Peiting, Tel. 08861/65 35, www.peiting.de; Tourist-Info Böbing, 82389 Böbing, Tel. 08867/91 00-12, www.boebing.de

Im Frühling fällt mit dem Pusteblumenspiel »Himmel und Hölle«, falls sich ein schwarzer Punkt auf dem Blütenstengel zeigt, auch gehmüden Kindern der Rundweg leicht!

Richtung auf den Naturlehrpfad Ammerlauf. Gleich zu Beginn passieren wir einen Waldkindergarten und auf der rechten Seite begleitet uns ein kleiner Damm. Er begrenzt die Absetzteiche des ehemaligen Bergwerks Peiting, eine weite Fläche, die inzwischen rekultiviert worden ist. Dem Damm folgt eine offene Wiese, dort führt der Weg steil abwärts zum Fluss.

Jetzt brauchen wir erst einmal etwas Zeit, denn wir erreichen ein kleines Wasserrad, das von einem Hammerwerk angetrieben wird. Hölzerne Rinnen leiten das Wasser dorthin. Ein herrliches Spielzeug, das gleich einmal erforscht werden will.

An der Abzweigung zum Ammerschluchtweg nach Rottenbuch machen wir zuerst einen Abstecher nach rechts. Nach wenigen Schritten sind wir an einer Stelle, an der kalkhaltiges Wasser auf breiter Fläche aus dem Berg

Kalkweiß

Wisst ihr, woher der Kalkofensteg seinen Namen hat? Die Brücke ist nach den Kalköfen benannt, die einst nahe der Ammer zu finden waren. Die Bauern sammelten aus dem Fluss Kalksteine und brannten sie zu Kalk. Eine mühselige Arbeit, denn der Brennvorgang dauerte mehrere Tage und verschlang viel Holz. Trotzdem lohnte sich der Aufwand, denn der sehr reine weiße Kalk wurde gerne im Kirchenbau verwendet, und von denen gab es in dieser Gegend, die auch Pfaffenwinkel genannt wird, besonders viele.

quillt. Dabei entstehen weißlich glitzernde Sinterterrassen aus Kalktuff. Und das passiert gar nicht so langsam, wie man sich das bei geologischen Prozessen eigentlich vorstellt. Dieses Naturschauspiel ist jedoch äußerst fragil und wir dürfen die Terrassen nicht betreten. Wieder zurück an der Abzweigung wandern wir weiter abwärts und kommen zum Kalkofensteg. Das Flussgelände mit seinen Kiesbänken ist für Kinder ein herrlicher Platz zum Spielen und zum Rasten. Am Ende der Tour werden wir wieder hierherkommen, so können wir den Nachwuchs auf später vertrösten.

Wir überqueren die Ammer auf dem hölzernen Steg, danach führt der Weg kurz nach rechts und biegt dann links in den Auwald ab. Nun geht es über den alten Triftkanal und wir folgen dann den Pfadspuren bergauf. An einer Stelle ist der Weg abgerutscht – ein neu gebauter Steig führt uns daran vorbei und dann zu einem breiteren Waldweg, dem wir nach links aufwärts folgen. Er mündet in einen kleinen ebenen Platz, von dem mehrere Pfade abzweigen. Wir nehmen den steilen Pfad mit den vielen Stufen und kommen an eine Stelle, an der Wegweiser die Orientierung erleichtern. (Hierher werden wir später aus der Richtung Leithen–Böbing wieder zurückkommen.) Wir folgen der Beschilderung Richtung Schnalzberggipfel und mühen uns über viele Stufen nach oben. Schließlich enden die Stufen und wir stehen an der Hangkante zur Ammerschlucht.

Durch die Schlucht zum Aussichtsberg

Die Ammer ist ein herrlicher Rast- und Naturspielplatz.

Minigolf und Einkehrfreuden

Unweit des Startplatzes gibt es noch eine familienfreundliche Einkehrmöglichkeit. Die Zeschenschenke im ehemaligen Peitinger Bergwerksareal hat nicht nur eine leckere Küche zu bieten, sondern auch einen eigenen Minigolfplatz, Spielplatz und ein alte Holzkegelbahn.

Hier öffnet sich der Wald, wir blicken Richtung Norden auf Peiting und gen Westen auf die vielen Dörfer des Allgäus. Zwei Bänke unter einem Bergkreuz laden zur Schau-Rast ein. Diese Stelle hier oben heißt »Aussichtspunkt Peiting« und wird oft mit dem Schnalzberggipfel verwechselt. Dort wollen wir heute noch hinauf, und so lassen wir uns vom Wegweiser »Schnalzberggipfel« und der weiß-rot-weißen Markierung zu einer Forststraße leiten. Wir folgen dieser nun stets oben am Bergrücken und lassen die zahlreichen Abzweigungen außer Acht, die alle bergab führen. Die Straße endet an einer großen Bergwiese, auf der wir das Gipfelkreuz bereits sehen. Hier am höchsten Punkt beginnt unser Rückweg.

Wir folgen in nördlicher Richtung hangabwärts der Buschreihe und biegen an ihrem Ende rechts auf eine große Wiese ab, die wir den Fußspuren folgend überqueren und uns dabei leicht nach links halten. Am Waldrand beginnt ein breiterer Weg, der an einem Heuschober vorbei in einer weiten Rechtskurve ins Tal führt. Vom Waldrand aus blicken wir auf eine Landschaft aus Wiesen und Büschen und auf den Weiler Leiten, dessen Namen wir schon auf dem Wegweiser gelesen haben. An der ersten Möglichkeit biegen wir nach links ab, und die Feldstraße wird zu einer Forststraße, der wir, die vielen Abzweigungen ignorierend, folgen. Die Straße wird zu einem Pfad, und gleich darauf haben wir die Stelle mit den Wegweisern erreicht, die wir schon vom Aufstieg her kennen. Jetzt kehren wir auf dem bekannten Weg zu unserem Ausgangspunkt an der Schnalzstraße zurück.

3 Einsamer Gipfel mit spannender Klamm

ZUM STECKENBERGKREUZ UND DURCH DIE SCHLEIFMÜHLENKLAMM

Diese Wanderung führt uns zu einem einsamen Gipfel über dem Ammertal. Als Zuckerl winkt beim Abstieg die spannende Schleifmühlenklamm. Diese ist ein echtes Wander-Highlight und lohnt auch einen gezielten Besuch.

Wir starten am Parkplatz und gehen zunächst geradeaus in Richtung Pürschling. Die Abzweigung nach rechts in die Schleifmühlenklamm ignorieren

| mittel | 5,5 km | 2 Std. | 250 m |

Tourencharakter Eine einfache Wanderung, der Aufstieg verläuft jedoch auf steilen und schmalen Bergpfaden. Abwärts geht es dann durch die Schleifmühlenklamm. Dort erwarten uns ebenfalls schmale Wege und Stege. **Altersempfehlung** Ab 5 Jahren **Ausgangs-/Endpunkt** Parkplätze an der Hocheckbahn **GPS-Daten** 47°38'50.2"N 12°10'04.1"E **Anfahrt** **Auto:** Garmischer Autobahn A 95 bis Autobahnende, weiter nach Oberau und dort rechts auf die B 23 Richtung Ettal; über Ettal, an Oberammergau vorbei bis zum Ortsanfang von Unterammergau, dort links zu den Wanderparkplätzen Steckenberg; den ersten Wanderparkplatz an der Steckenbergalm mit der Sommerrodelbahn ignorieren wir, wir wählen den zweiten nach dem Wirtshaus Schleifmühle. Gebührenpflichtig! **Bahn:** Von München Richtung Oberammergau bis Haltestation Unterammergau. Zusätzlicher Fußweg 20 Min. **Ausrüstung** Kleines Handtuch und Wechselkleidung, es gibt Wasserspielmöglichkeiten. **Einkehr** Unterwegs keine, erst im Tal Möglichkeiten in Unterammergau. Ganz in der Nähe des Startplatzes liegen die Steckenbergalm oder der Gasthof Schleifmühle. Unsere Lieblings-Adresse ist in der Ortsmitte in der Nähe der Ammer das Gasthaus Dorfwirt (Di Ruhetag). **Karte** Kompass 1:50 000, Nr. 7 Murnau Kochel **Information** Tourist-Info Ammergauer Alpen, Tel. 08822/92 27 40, www.ammergauer-alpen.de

Einsamer Gipfel mit spannender Klamm

Wild rauscht das Wasser durch die Schleifmühlenklamm und bildet grüne Gumpen.

wir. Diese werden wir erst am Ende der Tour von oben durchwandern. Nach wenigen Minuten Aufstieg biegen wir links auf einen sehr schmalen Bergpfad ab, der zum Steckenbergkreuz ausgeschildert ist. Aber Vorsicht, die Abzweigung kann man leicht übersehen!

Nun geht es steil bergauf und im Zickzack stets an der Hangkante entlang. Ab und an finden wir an einem der Bäume ein weißes Schild mit einem kleinen grünen Pfeil, dem wir folgen.

Nach einem ersten steilen Stück treffen wir oberhalb der sommerlichen Skipisten auf eine breitere Forststraße. Dieser folgen wir nach rechts, kurz darauf weist uns der grüne Pfeil wieder nach links auf einen Weg in den Wald. Wir gehen auf einem wurzeldurchsetzten Pfad entlang der Hangkante, dann lichtet sich

Sommerrodelbahn

Hallo, Kinder! Am Ende der Tour gibt es ganz in der Nähe am Fuß des Steckenberges eine tolle Sommerrodelbahn, samt Funpark und Streichelgehege.

Da können wir unsere Füße am Ende der Tour abkühlen.

der Wald langsam und wir erreichen den 1228 Meter hohen Steckenberg mit seinem Gipfelkreuz hoch über dem Ammertal. Der winzige Platz ist hervorragend für eine Brotzeit und eine Panorama-Rast geeignet.

Zurück wandern wir zunächst auf dem gleichen Weg. Wenn wir wieder auf die Pürschlingstraße stoßen, folgen wir ihr nun ein kurzes Stück nach links.

Dann weist uns ein Schild nach rechts auf den Weg in die Schleifmühlenklamm. Vorbei am ersten großen Wasserfall geht es über Stege und Brücken abwärts. Das Wasser rauscht, blubbert und brodelt in Kaskaden neben uns. Erst im unteren Teil der Klamm nähern wir uns dem Wasser. Dies ist der beste Platz, um noch einmal zu pausieren und den Kindern Zeit für Wasserspiele zu lassen. Eltern interessieren sich für die Infotafeln rund um die Geologie und den Abbau des Gesteins zur Wetzsteinherstellung. Am Klamm-Ausgang können wir an manchen Tagen sogar noch eine historische Wetzsteinmühle besichtigen. Nun sind es nur noch wenige Minuten zurück zu unserem Ausgangspunkt.

Tolle Rundtour mit leichter Klettersteig-Option

VOM LABER AUFS ODER RUND UMS ETTALER MANNDL

Dank Seilbahnhilfe gilt »Ich kann nicht mehr« bei dieser Rundtour mit Sicherheit nicht. Mit größeren, trittsicheren Kindern ab zehn Jahren kann man auf dem Weg optional einen leichten Klettersteig mitnehmen, für den die Kids im Zweifelsfall einen Klettergurt anziehen sollten.

Zunächst schweben Kind und Kegel ohne jede Anstrengung mit der Seilbahn zur Bergstation am Laber hinauf. Nachdem wir die Aussicht genossen und den Kindern vielleicht ein Eis spendiert haben, folgen wir der Beschilderung Richtung Oberammergau/Ettaler Manndl und somit einem zunächst freien Bergrücken nach Osten. Der erst breite Weg erreicht bald Waldgelände

schwer | 7 km | 3 bzw. 4 Std. | ↑100 m ↓750 m

Tourencharakter Wenig anstrengende, da bergab führende Wanderung. Das Spektrum reicht vom schmalen Bergweg bis zur breiten Forststraße. Das optionale Ettaler Manndl erfordert Trittsicherheit und Schwindelfreiheit. **Altersempfehlung** Ab 6 bzw. 10 Jahren **Ausgangspunkt** Bergstation Laber Seilbahn **Endpunkt** Talstation Laber Seilbahn **GPS-Daten** 47°35'52.6"N 11°05'08.4"E **Anfahrt Auto:** Über die A 95 und B 2 bis Oberau und weiter über Ettal nach Oberammergau; dort der Beschilderung zur Laber Seilbahn folgen. **Bahn/Bus:** Nach Oberau und mit Bus 9606 nach Oberammergau/Aufackerstraße, 5 Min. zur Seilbahn **Einkehr** Gipfelwirtschaft, geöffnet zu den Fahrzeiten der Seilbahn; Soile Alm, nur im Sommer zeitweise bewirtet **Karte** Alpenvereinskarte 1:25 000, Blatt BY 7 Ammergebirge Ost **Information** Tourist-Info Oberammergau, www.ammergauer-alpen.de; Seilbahn: www.laber-bergbahn.de

Mit trittsicheren Kinder ab 10 Jahren kann man auf der Rundtour sogar das Ettaler Manndl besteigen.

und wendet sich nach rechts. Es geht ein kurzes Stück steiler bergab und dann in wieder freiem Gelände zu einem schönen Bergsattel. Hier lohnt sich ein 360°-Schwenk, da man sowohl einen Blick zurück zum Laber als auch nach Osten zum Ettaler Manndl bekommt.

Der Weg führt in einigen kleinen Schleifen bergab, bevor man an eine Gabelung kommt. Nach links führt ein direkter Abstieg über den Soilesee nach Oberammergau. Sind die Kinder groß und trittsicher genug, kann man rechts der Beschilderung zum Ettaler Manndl folgen. Der Weg führt nun noch ein Stück bergab, bevor er in immer derselben Höhe durch lichten, aber Schatten spendenden Bergwald nach Osten führt. An einer weiteren Gabelung geht man weiter in Richtung Ettaler Manndl (nicht nach rechts nach Ettal absteigen) und erreicht hinter einer Felswand die Abzweigung zum Ettaler Manndl. Trittsichere und schwindelfreie Bergwanderer können diesen leichten Klettersteig auch ohne Ausrüstung begehen. Kindern sollte man besser einen Klettersteiggurt anlegen. Schnell gewinnt man auf der südseiti-

Ab ins Wasser

Im Oberammergauer Erlebnisbad Wellenberg können eure Eltern im Außenbecken nach der Tour entspannt die Berge bewundern, während ihr auf zwei spannenden Rutschen euren Spaß habt!

gen Felswand an Höhe und wird feststellen: Nicht nur die Stahlketten, sondern auch natürliche Griffe und Tritte sind bombenfest. Schließlich haben hier Generationen von Bergsteigern lose Steine zu Tal befördert. Was uns zu einem Tipp führt: Wer bei leichten Klettersteigen nicht nur die Drahtseile, sondern möglichst viel Fels zum Fortkommen benutzt, bekommt erstens ein viel besseres Gefühl fürs Klettern und lernt zweitens einzuschätzen, wie fest beziehungsweise locker Kalkgriffe und -tritte sein können. Oben angekommen werden die Kinder bestimmt stolz sein, während die Eltern die geniale Aussicht auf das Loisachtal, die Ammergauer Alpen und das Wettersteingebirge genießen.

Auf den Hauptweg zurückgekehrt folgen wir diesem ein kurzes Stück noch nach Osten, dann wendet sich der Weg nach Norden und führt teils in lichtem Wald, teils in Wiesengelände weiter bergab. Der Wald wird wieder dichter und man gelangt an den Boden des weiten Bergkessels, in dem auch der Soilesee liegt. Hier überquert man gerade eine Forststraße und geht auf einem Wiesenweg oberhalb der Hinteren Soilealm vorbei. Ist diese geöffnet, liegt es freilich nahe, hier einzukehren.

Beim Abstieg bieten sich schöne Ausblicke ins Alpenvorland.

Schließlich stoßen wir auf die Forststraße, der wir so lange folgen, bis wir ein kurzes Stück hinter einem Weiderost nach links in einen Fußweg abzweigen können. Dieser führt wieder durch den Wald, dann über eine große Wiese und abermals in den Wald. Erneut stoßen wir auf die Forststraße und müssen dieser ein gutes Stück lang leicht absteigend folgen. Grundsätzlich sollte man bei Kindertouren solche eher langweiligen Forst-Autobahnen nach Möglichkeit meiden. Eines muss man den breiten Fahrwegen aber lassen: Zum Schluss eines längeren Abstiegs schätzen zumindest die Beine einen solch knieschonenden Abstieg.

Bei einem Schild »Oberammergau über Lainetal« kann man von der Forststraße nach rechts abzweigen und auf einem Waldweg zum gleichnamigen Bach hinabsteigen. Hier geht es über eine Brücke und auf der anderen Seite nach links. Ohne Orientierungsprobleme folgen wir das letzte Stück immer der Fahrstraße entlang des Baches bis zur Talstation der Laber Seilbahn.

Abwechslungsreiche Runde mit Einkehrmöglichkeit

VOM ETTALER SATTEL AUF DIE NOTKARSPITZE

Die Notkarspitze bietet hoch über dem Ammertal eine sehr abwechslungsreiche Rundtour, die geübte Kinder ab acht Jahren gut schaffen können. Kids haben mit dem zuletzt steilen Abstieg meist weniger Probleme als die nicht selten kniegeplagten Eltern.

Vom gebührenpflichtigen Wanderparkplatz am Ettaler Sattel folgt man zunächst einer Fahrstraße nach Süden. An einer gleich folgenden T-Kreuzung gehen wir nach links. Weiter auf einem Fahrweg geht es leicht bergan. Dort wo dieser eine markante Kurve macht, weist ein Schild Richtung Notkarspitze nach rechts und man steigt von nun an, einem deutlichen Pfad folgend, in angenehmer Steigung durch schönen Bergmischwald bergan. Nach einiger Zeit wird der Wald lichter und der Anstieg zwischenzeitlich etwas steiler. Erst wenn man den unscheinbaren Ochsensitz erreicht, wird das

schwer | 11 km | 6 Std. | 1200 m

Tourencharakter Sehr abwechslungs- und aussichtsreiche Tour, die aber für den nordseitigen Abstieg Trittsicherheit erfordert. **Altersempfehlung** Ab 8 Jahren **Ausgangs-/Endpunkt** Parkplatz bzw. Bushaltestelle Ettaler Sattel **GPS-Daten** 47°33'42.33"N 11°6'3.47"E **Anfahrt Auto:** Über die A 95 und B 2 bis Oberau und rechts Richtung Ettal; kurz nach dem Ettaler Sattel auf der linken Seite parken. **Bahn/Bus:** Von München nach Oberau und mit RVO-Bus 9606 zur Haltestelle Ettal, am Berg; von dort zu Fuß in weniger als 5 Min. zum Wanderparkplatz **Einkehr** Ettaler Mühle, ganzjährig ohne Ruhetag geöffnet **Karte** Alpenvereinskarte 1:25000, Blatt BY 7 Ammergebirge Ost, Pürschling, Hörnle **Information** Tourist-Info Ettal, Tel. 08822/35 34, www.ettal.de

Gelände deutlich flacher. Schon von diesem unbedeutenden Kamm-Absatz aus bieten sich erste spektakuläre Tal- und Fernblicke.
Ohne Orientierungsschwierigkeiten folgt man dem mit Latschen bewachsenen Kamm nun weiter nach Westen und steigt noch einmal etwas steiler zur Ziegelspitz auf. Der Weg wird dahinter wieder deutlich flacher und umgeht einen, im Kamm zwischen der Ziegelspitz und der Notkarspitze gelegenen, Aufschwung auf dessen Südseite. Man steigt schließlich kurz in einen Sattel ab, um dahinter die letzten Aufstiegsmeter über den südexponierten Hang zum 1889 Meter hohen Gipfelkreuz zu bewältigen.

Oben angekommen kommen vor allem die Erwachsenen bei guter Fernsicht aus dem Staunen nicht heraus, da der Blick vom Alpenvorland über das Loisachtal bis zum Wettersteingebirge mit der Zugspitze reicht. Für die Kinder ist wiederum das Gipfelgelände mit seinen netten Grasrücken zum Spielen und Toben gut geeignet. Für den Abstieg folgt man dem nach Norden abfallenden Gipfelrücken (bei einer Abzweigung im Latschengelände nicht rechts, sondern halblinks gehen!), um bald nach Osten in das große, nach Norden exponierte Notkar abzubiegen. Dorthin geht es zunächst noch steiler bergab, dann wird das Gelände zunehmend flacher und man quert den schönen Bergkessel nach Nordosten und in ungefähr derselben Höhe zum Beginn des Bergwaldes.

Nach einer flachen Querung wird der Steig ziemlich steil. Bei Nässe ist hier Trittsicherheit gefragt. Über die steilsten Passagen helfen aber solide Drahtseilversicherungen hinweg. Kurz nachdem es wieder etwas flacher wird, erreicht man auch schon einen Forstweg, der zum Waldrand am Talboden führt.

An der dortigen Gabelung geht es entweder geradeaus zur unweit gelegenen Einkehrmöglichkeit Ettaler Mühle oder man hält sich rechts und folgt der Beschilderung zum Ettaler Sattel, um auf schönen Fuß- und Fahrwegen

Bequeme Einkehr

Haben die Kids den Talabstieg gemeistert, ist es eine gute Idee, sie gleich mit einem Teil der Erwachsenen in der Ettaler Mühle einkehren zu lassen. Inzwischen kann ein Erwachsener zum Wanderparkplatz absteigen und das Auto zur Ettaler Mühle fahren. Wer mit dem Bus angereist ist, kann ohnehin von der Bushaltestelle Ettaler Mühle zurückfahren.

Kleine Kinder können sich nach dem Kraxen-Anstieg am breiten Gipfelrücken austoben.

immer entlang des Waldrandes bzw. im Wald nach Osten zu wandern. Schließlich trifft man auf die T-Kreuzung am Anfang der Tour, von wo es nur noch ein Katzensprung zum Wanderparkplatz ist.
Diesen Schlussteil, der für Erwachsene ein schönes Auslaufen bietet, muss übrigens nicht die ganze Gruppe machen (siehe Tipp-Kasten).

6 Burgruine und Bobbahn

ZUR VESTE SCHAUMBURG IN OHLSTADT

Kaum einer kennt die Burgruine der Veste Schaumburg über Ohlstadt. Viel ist dort zwar nicht mehr zu sehen, aber der Weg auf diesen Felsvorsprung führt spannend über die einstige Bobbahn und die Kaltwasserfälle.

Wir starten an der Kirche St. Laurentius in Ohlstadt und wandern auf der Hauptstraße dorfeinwärts in südöstlicher Richtung. An der nächstgrößeren Wegverzweigung wenden wir uns nach rechts in die Heimgartenstraße. Bald biegt diese scharf nach links ab, wir gehen aber geradeaus – der Weg wird zur Wankstraße. Sie führt zu einem kleinen Wanderparkplatz an der Kaltwasserlaine. Hier weisen bereits viele Wanderwegschilder in Richtung Heim-

| leicht | 5,5 km | 2,5 Std. | 250 m |

Tourencharakter Eine einfache Wanderung auf breiten Wanderwegen und kleineren Pfaden. Das letzte Stück führt teilweise über glatte Steine und Stufen auf den Felsen der Veste. Leichte Trittsicherheit erforderlich. Achtung! Oben gibt es tiefe Löcher im Boden, die nur mit sehr niedrigen Geländern gesichert sind. **Altersempfehlung** Ab 4 Jahren **Ausgangs-/Endpunkt** Kirche St. Laurentius in Ohlstadt **GPS-Daten** 47°37'59.8"N 11°14'19.2"E **Anfahrt** **Auto:** Garmischer Autobahn A 95 bis Ausfahrt Eschenlohe, links in Richtung Eschenlohe, dann jedoch erneut links auf die B 2 Richtung Murnau/Ohlstadt; so kommen wir vom Süden nach Ohlstadt, fahren rechts in die Ortsmitte und suchen einen Parkplatz; die große Dorfkirche St. Laurentius ist nicht zu übersehen. **Bahn:** Von München in Richtung Garmisch, Ohlstadt hat einen eigenen Bahnhof; zusätzlich 20 Min. Anmarsch zur Kirche oder mit dem Zug bis Murnau und dann weiter mit Bussen nach Ohlstadt. **Einkehr** Unterwegs keine, Brotzeit mitnehmen! Erst am Schluss mehrere Möglichkeiten in Ohlstadt **Karte** Kompass 1:50 000, Nr. 7 Murnau Kochel **Information** Tourist-Info Ohlstadt, Tel. 08841/74 80 www.ohlstadt.de

In der Natur werden Kinder sehr erfinderisch.

garten. Diese ignorieren wir, queren den Bach und bleiben geradeaus auf dem Feldweg, der über die Wiesen führt. Langsam steigt der Weg an und wir nähern uns einigen mächtigen Fichten. Hier stoßen wir auf einen querenden Wanderweg und folgen ihm nach links. Gleich darauf passieren wir die Kriegergedächtniskapelle und gehen weiter, bis wir am höchsten Punkt der Wiese auf einen Pavillon treffen. Unter dem schützenden Dach wird die Ohlstädter Bobfahrgeschichte erklärt.

Am Waldrand folgen wir nun der Beschilderung zu den Kaltwasserfällen und steigen auf einem schmalen Pfad abwärts zum Bach, der Kaltwasserlaine. Wir gehen auf dem Wanderweg entlang des Bachs nach rechts; die Schilder zu den Kaltwasserfällen weisen uns den Weg. Nach einem Murenabgang war dieser Weg teil-

Ohlstadt und die Bobbahn

An dem Hang unter dem Pavillon fallen die eigenartigen Einkerbungen und Kurven in der Wiese auf. Hier stand in den 50er-Jahren eine erste kleine Bobbahn. Ohlstadt war damals eine Hochburg unter den Bobfahrern, und so fand im Winter 1968 die erste Deutsche Meisterschaft im Bobfahren hier statt.

Die Aussicht von der Veste reicht weit über das Murnauer Moor.

weise gesperrt und es gibt Überlegungen, ob man ihn auf die andere Uferseite verlegt. Egal über welche Bachseite wir schließlich aufwärtssteigen, an den Wasserfällen rauscht und plätschert das Wasser zwischen großen Steinen zu Tal. Über eine kleine Brücke wechseln wir von einer Seite auf die andere.

Bachaufwärts gesehen auf der linken Seite folgen wir dann der Beschilderung zum Heimgarten steil über einige Stufen bergauf. So treffen wir auf eine Forststraße, die wir später für den Abstieg benutzen werden. Zunächst wenden wir uns auf ihr nach rechts und wandern ein gutes Stück oberhalb der Kaltwasserlaine bis zur nächsten, nach links führenden Abzweigung, die mit »Veste«

ausgeschildert ist. Über viele Wurzeln steigen wir nun auf einem deutlich schmaleren Weg zu einem großen Felsblock. Wir müssen den Felsblock nur etwas nach links umrunden, dann führt ein schmaler Pfad über in den Fels gehauenen Stufen zum ehemaligen Burgenstandort hinauf.

Oben erwartet uns eine kleine Rastbank unter dem Gipfelkreuz, von der wir die wunderbare Aussicht über Ohlstadt und das Loisachtal genießen. Das weite Murnauer Moos und die Stadt Murnau mit dem Staffelsee liegen vor uns. In unserem Rücken bauen sich mächtig der Illingstoa und der Heimgarten auf. Im Boden finden wir einige tiefere Löcher, die nur durch ein etwas wackeliges Geländer geschützt sind. Welchen Zweck die manchmal als Geheimgang bezeichneten höhlenartigen Gänge in dem Burgfelsen wirklich hatten, müsste eine genaue wissenschaftliche Untersuchung klären, wahrscheinlich war es der in den natürlichen Fels geschlagene Keller. Inzwischen zeugen nur noch wenige Fundamentreste von der einstigen Burg Schaumburg, die übrigens bereits 1414 zerstört wurde.

Nach einer Pause steigen wir vom Felsen hinunter und laufen bis zur Forststraße zurück. Dieser folgen wir jetzt nach rechts. Der restliche Rückweg ist sehr simpel: Wir bleiben einfach auf der breiten Forststraße. Diese mündet in eine größere Straße; nun müssen wir nach links, weiter bergab, und kurz darauf verlassen wir an einem Wanderparkplatz den Wald und wandern auf die ersten Häuser von Ohlstadt zu. Wir sind nun wieder in der Heimgartenstraße. Wenn wir dieser abwärts durch den Ort folgen, ist es bis zur Ohlstädter Kirche nicht mehr weit.

Schauer- und Goldgeschichten

Vor 700 Jahren, als die Veste Schaumburg schon keine richtige Burg mehr war, sondern nur noch eine Ruine, hauste dort der gefürchtete Straßenräuber Schneeberger mit seiner wilden Bande. Zwei Jahre machte er die Gegend unsicher und überfiel Kaufleute und Händler. Dann wurde er gefangen genommen und in Murnau hingerichtet. Seine geraubten Schätze hat man nie gefunden, sie sollen immer noch am Fuße des Heimgartens versteckt sein. An windigen Tagen könnt ihr immer noch den Geist des Raubritters durch die Öffnungen im Boden heulen hören. Er trauert um seinen Reichtum! Und falls ihr auf dem Weg etwas glitzern seht – dann bückt euch schnell, bevor der Geist des Raubritters euch zuvorkommt ...

7 Herrlicher Ausblick zwischen Skipiste und Bobbahn

ÜBER DIE KOCHELBERGALM ZUM RIESSERSEE

Die Kochelbergalm und der Riessersee sind beliebte Ausflugsziele oberhalb von Garmisch. Sie sind über einen aussichtsreichen Höhenweg verbunden, auf dem wir die Reste der historischen Bobbahn besichtigen können. Außerdem erwarten uns ein kleines Seebad, der Bootsverleih und tolle Einkehrmöglichkeiten vor imposanter Bergkulisse.

Vom großen Parkplatz vor dem Eissportzentrum folgen wir zunächst der kleinen Straße, die vorbei am Alpspitz Wellenbad entlang eines Baches Richtung Süden auf den Hausberg zuführt. Kurz darauf queren wir die Gleise der

| leicht | 6,5 km | 2 Std. | 300 m |

Tourencharakter Eine leichte Wanderung auf Wanderwegen und kleineren Pfaden. Mit kleineren Kindern kann man auch gut nur bis zur Kochelbergalm gehen. **Altersempfehlung** Ab 6 Jahren **Ausgangs-/Endpunkt** Garmisch-Partenkirchen, Olympia Eissportzentrum **GPS-Daten** 47°29'21.1"N 11°05'45.0"E **Anfahrt Auto:** Auf der A 95 von München Richtung Garmisch zum Autobahnende, dann durch den Tunnel nach Garmisch/Mittenwald, der Beschilderung zunächst Richtung Bahnhof folgen, dann weiter den Schildern Alpspitzbad/Eissportzentrum nach, bald links in die Olympiastraße; dort viele Parkmöglichkeiten. **Bahn/Bus:** Mit dem Zug nach Garmisch, vom Bahnhof dann zusätzlich 10 Min. Fußmarsch, dafür Gleise queren und nächste Straße links in die Olympiastraße, die zum Eisstadion führt **Einkehr** Kochelbergalm (Di Ruhetag); Riessersee Hotelcafé **Karte** Kompass 1:50 000, Nr. 25 Zugspitze **Information** Garmisch-Partenkirchen Tourismus, Richard-Strauss-Platz 1a, 82467 Garmisch-Partenkirchen, Tel. 08821/18 07 00, www.ga-pa.de

Aussicht über die Frühlingswiese auf den Wank

Zugspitzbahn geradeaus. An den nächsten Häusern gabelt sich die Straße, wir halten uns links und passieren so wenig später, nun schon auf leicht ansteigendem Weg, den Pferdereitstall Bichlerhof. Hundert Meter später halten wir uns rechts, die Kochelbergalm ist bereits ausgeschildert. Auf der weiter leicht ansteigenden Almstraße erreichen wir ein kleines Bächlein, das uns zum Spielen erst einmal ausbremst. Unmittelbar dahinter können wir auf den schmalen Wanderweg ausweichen, der über einige Treppenstufen spannender hinaufführt als der Weg über die Almstraße, auf die wir weiter oben wieder treffen. Ihr folgen wir bis zur nächsten Wegkreuzung. Nach links erreichen wir in wenigen Minuten die Kochelbergalm, die sehr idyllisch hinter einem großen Fischteich liegt.

Hier gibt es schon mal viel zu sehen: Goldfische dümpeln im Wasser und schnappen nach einigen Kaulquappen, die im Frühjahr noch auf ihre Verwandlung warten. Auf der Kochelbergalm leben außerdem viele weitere Tiere wie Hasen, Schafe und Ziegen und natürlich gibt es auch einen kleinen Spielplatz. Gerade für Familien mit kleineren Kindern wird

Ein Sommer-Bade-Traum

Im Sommer solltet ihr eure Badesachen nicht vergessen! Im Riessersee kann man in einem kleinen Strandbad, das Eintritt kostet, schwimmen.

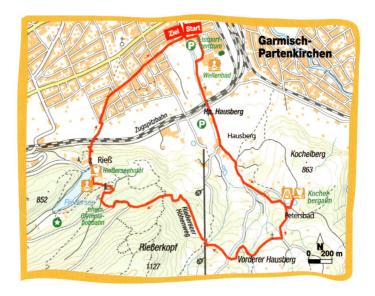

deshalb die Kochelbergalm das Hauptziel sein, und so kann eine Pause schon mal deutlich länger ausfallen.

Wer jedoch Lust auf Weiterwandern hat, sollte sich unbedingt auf den Riesserseer Höhenweg machen. So gehen wir ein Stück des Weges bis zur Kreuzung zurück und wandern nun nach links auf den weiterhin breiten Riesserseer Höhenweg. Der Beschilderung folgend biegen wir kurz danach rechts ab und wandern mit ersten wunderschönen Aussichten auf Garmisch über die im Sommer grünen Skipisten der Alpspitzbahn. Dann wird unser Wanderweg deutlich schmaler und führt im Zick-Zack durch ein kleines Wäldchen. Unmittelbar dahinter queren wir erneut ein Almsträßchen geradeaus in den Wiesenweg, um gleich wieder viel spannender auf einem schmalen Wanderweg zur Schnitzschulhütte zu gelangen. Hier halten wir uns links weiter auf unserem Riesserseer Höhenweg, der nun im steten, aber leichten Auf und Ab entlang des Berghanges führt. So umrunden wir die Bergflanken des Riesserkopfs und treffen schließlich wieder auf einen breiteren Forstweg. Diesem folgen wir ein Stück und biegen dann rechts in den Waldweg ein, der uns zur historischen Olympia-Bobbahn bringt. Wer Lust hat, kann direkt auf der Bahn zum ehemaligen Zielhang auf das Südwest-Ufer des Ries-

Herrlicher Ausblick zwischen Skipiste und Bobbahn

sersees hinabsteigen. Dort wandern wir entlang des Seeufers nach rechts und erreichen das große Hotel und Café Riessersee. Die sonnenverwöhnte Terrasse lädt zum Einkehrschwung ein, auf Kinder warten Eisbecher, während die Großen sich am Blick über den See auf die Zugspitze und den vorgelagerten Waxenstein ergötzen. Nach der Pause wandern wir über den Parkplatz in Richtung Hotel und biegen dann rechts auf den schmalen Riesserseer Fußweg ein, der hinter dem Hotel beginnt. Er führt in den Wald und steil im Zick-Zack bergab. Unten treffen wir auf eine Autostraße und die Gleise der Zugspitzbahn. Beide überqueren wir und wandern auf dem Fußweg auf die Häuser von Garmisch zu. Dort bleiben wir geradeaus bis zur nächsten Straße, der Riffelstraße. Auf ihr geht es nach rechts weiter, bis wir an ihrem Ende entlang einer Wiese auf die Klammstraße stoßen. Nun sind es nur noch wenige Schritte nach rechts und wir haben den Startplatz unserer Wanderung wieder erreicht.

Auf der Terrasse des Hotel Riessersees dürfen wir die Kinder auch einmal nach getaner Wanderung mit einem leckeren Eis belohnen.

Bobbahn am Riessersee

1909 wurde mit dem Bau einer Bobbahn am Riessersee begonnen. Und diese Bahn hat wirklich Sportgeschichte geschrieben. Sie hat die Olympischen Spiele 1936 sowie zahlreiche Weltmeisterschaften gesehen, bis sie 1966 geschlossen werden musste. Fast 40 Jahre lag sie unbeachtet in der Landschaft am Riessersee, dann wurde die Bobbahn unter Denkmalschutz gestellt und von freiwilligen Helfern wieder zugänglich gemacht. Jetzt können wir sie im Sommer durchwandern. Im Februar 2013 fand nach 47 Jahren Stillstand wieder ein Rennen auf der alten Bobbahn statt. 13 Teams kämpften auf historischen Schlitten nicht um den Preis des Schnellsten, sondern um die Ehre, wieder hier zu fahren.

8 Schwindelerregende Aussicht

IM WETTERSTEINGEBIET

Nervenkitzel auf der schwindelerregenden Aussichtsplattform AlpspiX, ein familiengerechter Erlebnisweg und das Ganze noch dazu bergab! Mithilfe der Garmischer Bergbahnen kommen hier selbst wanderfaule Kinder so richtig in Schwung und der Tag im Wettersteingebirge wird zum großen Familien-Hit.

Den Großteil des An- und Abstiegs ersparen wir uns heute und wählen das Lift-Ticket »Garmisch Classic«. Das ist eine tolle Kombination aus zwei verschieden Liften. So gönnen wir uns die Auffahrt mit der Alpspitzbahn zum Osterfelderkopf und am Ende der Wanderung die Abfahrt mit der Kreuzeckbahn ins Tal. Praktischerweise liegen die Talstationen beider Bahnen fast

leicht · 3,5 km · 2 Std. · 500 m bergab

Tourencharakter Einfache Wanderung fast ausschließlich bergab auf breiten Almwegen. Die Strecke lässt sich auch mit dem Kinderwagen befahren. **Altersempfehlung** Ab 4 Jahren **Ausgangs-/Endpunkt** Talstation Alpspitzbahn und Talstation Kreuzeckbahn **GPS-Daten** 47°37'05.3"N 10°29'48.6"E **Anfahrt Auto:** Über die A 95 nach Süden bis Autobahnende, weiter auf der B 2 nach Garmisch, dort Beschilderung Kreuzeckbahn/Alpspitzbahn folgen. **Bahn/Bus:** Mit der Bahn nach Garmisch-Partenkirchen, weiter zu Fuß oder mit dem Bus zur Kreuzeckbahn/Alpspitzbahn **Öffnungszeiten** Täglich von 8.30–16.30 Uhr, im Sommer auch länger; Fahrten mindestens jede halbe Stunde **Preise** Liftkarte Garmisch Classic: Erwachsene 26 €, Kinder 6–18 Jahre in Begleitung der Eltern 4 € **Einkehr** Hochalm bzw. Kreuzeckhaus **Karte** Kompass 1:50 000, Nr. 5 Wettersteingebirge **Information** Bayerische Zugspitzbahn, Olympiastraße 27, 82467 Garmisch Partenkirchen, www.zugspitze.de

Schwindelerregende Aussicht

Wer traut sich bis ganz nach vorne zu gehen?

unmittelbar nebeneinander, sodass wir auch am Schluss der Wanderung keine weiten Strecken mehr zurücklegen müssen.

Aufregend ist die Fahrt mit der Alpspitzbahn-Gondel, die dabei 1283 Höhenmeter zurücklegt, allemal. Unter uns liegen die steilen, schroffigen Felshänge des Wettersteingebirges. Interessanterweise erreichen wir mit der Bahn nicht die Alpspitze, sondern den Osterfelderkopf, der fast direkt neben der Bergstation liegt. Die Alpspitze selbst ist nur dem erfahrenen und sehr ambitionierten Kletterbergsteiger vorbehalten, auf ihren

A bisserl mehr?

Wenn ihr nach der Wanderung in Garmisch noch mehr erleben möchtet, findet ihr viele tolle Tipps auf den Internetseiten der Tourist-Info unter www.gapa.de. Im Sommer locken z. B. das Kainzenbad am Skistadion oder ein Ausflug mit der Pferdekutsche.

An den Erlebnisstationen gehören viele Rätsel gelöst.

Gipfel führen nur Klettersteige. Unmittelbar neben dem Gipfel des Osterfelderkopfs ist der AlpspiX installiert. Zwei große Stege ragen in X-Form weit über die Hangkante hinaus. Unter uns nur gähnender Abgrund! Nichts als 1000 Meter Luft bis zum felsigen Talboden der Höllentalklamm. Da brauchen wir schon etwas Mut und Schwindelfreiheit, um bis ganz nach vorne zu gehen. Aber die Aussicht, auch hinaus auf Garmisch-Partenkirchen und das Loisachtal, ist wirklich einmalig. Die sollten wir uns nicht entgehen lassen!

Nach diesem Adrenalinschub geht es jetzt auf die Wanderung. Wer möchte, kann sich gleich mal auf den Gipfel-Erlebnisweg machen. Er verläuft im Gipfelbereich des Osterfelderkopfs und ist ebenfalls sehr familienfreundlich angelegt. Schöner und noch abwechslungsreicher ist jedoch der Genuss-Erlebnisweg, der über 18 Mitmachstationen bergab bis zur Kreuzeckbahn führt. Es wird eine Entdeckungsreise für die Sinne werden, und nicht nur die Kinder haben Spaß daran alles zu erkunden. Gleich zu Beginn lassen wir uns von der Sage »Der Riese von der Alpspitze« inspirieren und in sein »Stein-Reich« entführen.

Nach dem engen Felsdurchgang relaxen wir in schwingenden Holznestern und beobachten die Kletterer in den Fels- wänden der Schöngänge. Wir suchen den richtigen Weg durch das Stein-Labyrinth und lauschen im Summstein unserem tiefsten Inneren. Immer wieder gibt es Möglichkeiten auf Massageliegen zu rasten. Außerdem gilt es den Schatz des Riesen zu suchen.

Nach einer Einkehr in der Hochalm erreichen wir die Bergstation der Kreuzeckbahn, mit der wir wieder ins Tal schweben.

9 Wo das wilde Wasser schäumt und brodelt

DURCH DIE PARTNACHKLAMM BEI GARMISCH

Auf einer Länge von 800 Metern hat sich der Wildbach Partnach ein bis zu 80 Meter tiefes Bett senkrecht in den Fels gegraben. Das bereits 1912 zum Naturdenkmal erklärte Schauspiel fasziniert nicht nur kleine Abenteurer. Die Klamm ist eine der großen Tourismus-Attraktionen von Garmisch und absolut sehenswert.

Am Parkplatz des Olympiastadions müssen wir wählen, ob wir bequem mit einer Pferdekutsche bis zum Klammbeginn fahren oder ob wir vom Start

| mittel | 6,5 km | 2,5 Std. | 280 m |

Tourencharakter Die herrliche, aber schattige Wanderung führt überwiegend auf schmalen Stegen und Brücken durch die Partnachklamm. Den Hin- oder Rückweg bis zur Klamm kann man mit Pferdekutschen verkürzen, dann ca. 30 Min. weniger Gehzeit. **Altersempfehlung** Ab 4 Jahren **Ausgangs-/Endpunkt** Garmisch-Partenkirchen, Parkplatz am Olympiastadion **GPS-Daten** 47°28'55.8"N 11°07'04.7"E **Anfahrt** **Auto:** Autobahn A 95 bis Garmisch, über die Bundesstraße B 2 nach Garmisch-Partenkirchen und weiter Richtung Mittenwald; kurz vor dem Ortsende rechts zum Olympiastadion bzw. zur Eckbauernbahn; viele Parkplätze. **Bahn/Bus:** Von München nach Garmisch, ab Bahnhof mit dem Ortsbus zum Olympiastadion **Öffnungszeiten** Das ganze Jahr über täglich von 8–18 Uhr; bei Hochwasser geschlossen **Preise** Partnachklamm: Erwachsene 3,50 €, Kinder 6–16 Jahre 2 € **Ausrüstung** Feste Schuhe, unbedingt Jacke und eventuell Mütze für die Klamm **Einkehr** Am Klammbeginn gibt es einen Kiosk; im Ortsteil Graseck z. B. die Wettersteinalm oder mit einem Abstecher den familienfreundlichen Berggasthof Hanneslabauer **Karte** Kompass 1:50 000, Nr. 5 Wettersteingebirge **Information** Garmisch-Partenkirchen Tourismus, Richard-Strauss-Platz 1a, 82467 Garmisch-Partenkirchen, Tel. 08821/18 07 00, www.ga-pa.de

Wie ein gieriger Schlund schlucken die engen Felsentunnel das schäumende Gebirgswasser der Partnach.

weg auf Schusters Rappen marschieren. Mit kleineren Kindern macht die Kutsche durchaus Sinn, so können sie sich die Kraft für die Durchsteigung der Partnachklamm sparen. Die Kutschenfahrt lohnt sich aber auch am Ende der Tour für die Rückfahrt, wenn die Kinderbeine müde sind.

Wie auch immer die Entscheidung ausfallen mag, eines ist sicher: Schon das große Olympia-Skistadion bremst uns gleich aus. Wenn gerade keine Veranstaltungen stattfinden, können wir mitten durch das Stadion wandern. Der starke Kontrast zwischen der historischen Architektur der 30er-Jahre und der hochmodernen, fast frei schwebenden Skischanze ist wirklich beeindruckend.

Für die Wanderung halten wir uns mit Blick auf die Schanze nach rechts und folgen der kleinen geteerten und fast ebenen Straße, die zur Partnachklamm beschildert ist. Wir passieren die

Ein Zuckerl

Nach der Wanderung wartet – vielleicht als Belohnung für fleißige Wanderkinder – noch ein »Zuckerl« auf euch. Direkt am Fuße der neuen Skisprungschanze gibt es eine Sommerrodelbahn. Bei trockenem Wetter kann man auf einer Länge von 650 Metern über zwei Kreisel den Hang hinunterflitzen.

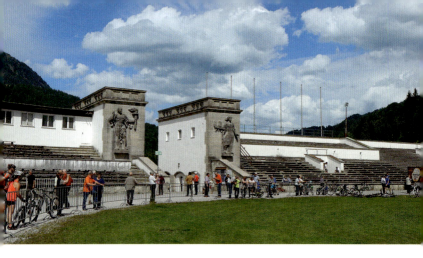

Das Skisprungstadion stammt im Gegensatz zur hochmodernen Schanze noch aus den 30-iger Jahren.

Lenzhütte und ein kleines E-Werk, dann folgen wir einfach der Partnach bis zum Beginn der Klamm.

Nachdem wir Eintritt bezahlt haben, geht es durch einen Tunnel in die Partnachklamm. Sogleich wird es dunkler und unheimlicher. Auf Brücken und Stegen wandern wir mal mehr, mal weniger nah am Wasser entlang und gewinnen dabei unmerklich an Höhe. Sehr kleine oder unruhige Kinder gehören hier an die Hand oder an eine Reepschnur. Der Weg ist zwar durch ein Geländer mit Drahtseilen vorbildlich abgesichert, aber schnelle Kinderbeinchen können hier auch durchsteigen. Unter uns schäumt und brodelt das Wasser und zwängt sich durch die engen Felsen. An vielen Stellen tropft es von oben und die Luft ist ganz feucht. Immer wieder müssen wir durch dunkle Felstunnel, da müssen die Eltern den Kopf schon mal einziehen. Aber es gibt kaum spannendere Wanderwege für Kinder als entlang so wilden Wassers.

Das Reich der Eiskönigin

Das Besondere an der Partnachklamm ist, dass wir sie das ganze Jahr begehen können. Im Winter, wenn die Wände von Eiskristallen bedeckt sind, ist das eine verzauberte Reise in das Märchenland der Eiskönigin.

Wo das wilde Wasser schäumt und brodelt

Viel zu schnell erreichen wir das obere Ende der Schlucht. Hier weitet sich das Flussbett und wir finden schöne Rastplätze am Ufer und auf den Kiesbänken. Kinder werden im steinigen Bachbett zu Hydroexperten. Sie stauen Wasser auf, leiten es um oder wollen nur planschen und Steine werfen.

Nun treffen wir die nächste Entscheidung: Wandern wir von hier wieder durch die Schlucht auf bekanntem Wege zurück oder steigen wir noch ein Stück Richtung Graseck auf, um dann über die Eiserne Brücke zurückzugehen? Dieser Rundweg führt oberhalb der Klamm mit schwindelerregendem Tiefblick über eine Brücke bis zum Ausgang der Schlucht zurück. Wer den relativ steilen Aufstieg bis zum Weiler Graseck nicht scheut, kann so z. B. auch noch beim Berggasthof Hanneslabauer, im Hotel Graseck oder an der Wettersteinalm einkehren. Von den beiden Letzteren haben wir eine tolle Aussicht auf das Wettersteinmassiv.

Für diesen Weg wenden wir uns 250 Meter nach dem Klammende nach links bergauf. Treppenstufen erleichtern bald den Aufstieg entlang der steilen Hangkante. Nach etwa 15 Minuten verlassen wir den Wald und stehen schon kurz darauf vor den ersten Häusern von Graseck. Wir passieren die Wettersteinalm und erreichen die Abzweigung für unseren Rückweg über die Eisenbrücke auf einer Almwiese. Nach links erreichen wir bald die Brücke und staunen über die unheimlich brodelnden Wassermassen, die fast 70 Meter unter uns in der Klamm toben. Nachdem wir den Wildbach gequert haben, folgen wir dem Weg nach rechts und erreichen so ebenfalls wieder den Eingang zur Klamm. Jetzt gehen wir auf der Straße zurück bis zum Skisprungstadion, oder wählen, wenn die Füße müde sind, die Pferdekutsche.

10 Barfuß zur Aussicht

ÜBER DEN KRANZBERG

Gekrönt durch den Barfußpfad, Spielplätze und Bademöglichkeiten im Lauter- und Ferchensee ist der Kranzberg ein perfekter Familien-Ausflugsberg. Familien mit kleineren Kindern wählen die kurze Tour nur über den Barfußpfad. Die Aussicht dort ist ebenfalls bestens und Einkehrmöglichkeiten gibt es auch.

Wir starten an der Talstation und folgen unterhalb der Lifttrasse dem Wanderweg bergauf, er ist perfekt zum Kranzberg beschildert. Dabei queren wir die Fahrstraße, weichen aber immer wieder auf einen schmaleren Wanderweg aus, der parallel zum Sessellift verläuft. So dauert es gerade einmal eine knappe Stunde, bis wir die Bergstation des Kranzbergliftes erreicht haben. Dort wenden wir uns nach links und sind nach wenigen Schritten am Berggasthof St. Anton. Hier beginnt der große Barfußpfad, den wir natürlich ausprobieren wollen. Es macht aber keinen Sinn, die Bergschuhe in die dafür

mittel   12 km   4 Std.   600 m

Tourencharakter Einfache, aber lange Wanderung auf breiten Wegen, Pfaden und Forststraßen. Der Abstieg führt zu schönen Bergseen mit Bademöglichkeit im Sommer. Abkürzung durch Lift oder Weglassen des Gipfels und der Seen möglich, dann auch bestens für kleinere Kinder geeignet.   **Altersempfehlung** Ab 8 Jahren   **Ausgangs-/Endpunkt** Talstation Kranzberglift   **GPS-Daten** 47°26'42.0"N 11°15'24.1"E   **Anfahrt Auto:** Über die A 95 nach Süden und über Garmisch weiter nach Mittenwald, dort der Beschilderung zum Kranzberg folgen; gebührenpflichtige Parkplätze an der Talstation. **Bahn/Bus:** Mit der Bahn nach Mittenwald, zusätzlich 30 Min. Fußweg   **Einkehr** Kranzberghaus, Gasthof Ferchensee, im Anschluss viele Möglichkeiten in Mittenwald   **Karte** Kompass 1:50 000, Nr. 5 Wettersteingebiet   **Information** Tourist-Info Mittenwald, Dammkarstr. 3, 82481 Mittenwald, Tel. 08823/33981, www.alpenwelt-karwendel.de

Im Wasser des Lautersees spiegelt sich das Karwendelmassiv.

vorgesehenen Regale zu stellen, denn wir werden im Anschluss nicht hierher zurückkommen. (Außer wir wollen die Tour verkürzen!)
Deshalb Stiefel über die Schulter, Socken in den Rucksack und los geht's, nach rechts auf den 1,6 Kilometer langen Pfad zur durchblutungsfördernden Fußmassage. Wir laufen entlang von 24 Erlebnisstationen: Es geht über Tannenzapfen, Kies, Moos, Rinde, Wackelbalken, Holzbohlen oder Felsen. Eine Herausforderung für Erwachsene stellt gleich zu Beginn das Durchwaten eines schlammigen Bergsees dar. Die Kinder lieben es. Unter den Füßen matscht und patscht es gewaltig und zwischen den Zehen quillt Schlamm hervor. Hinweistafeln informieren über Begebenheiten am Wegesrand, aber auch einige Geschicklichkeitsspiele fordern uns heraus. Zum Glück gibt es gegen Ende des Barfußpfads ein Kneippbecken, so bekommen wir wieder saubere Füße.

Hier müssen wir uns nun entscheiden: Reicht das Wandern für heute? Dann gehen wir nämlich schnurstracks über die Wiese zum Gasthaus St. Anton zurück, wo ein Spielplatz für die Kids nebst Einkehr für die Erwachsenen wartet. Von dort steigen wir direkt zur Talstation ab oder benutzen den Lift.

Abkürzung gefällig?

Falls ihr an eurer Kondition ein bisschen zweifelt, könnt ihr eure Eltern vielleicht überzeugen, bequem mit dem Kranzberglift hochzufahren. Das erspart euch 300 Höhenmeter Aufstieg und somit etwa eine Stunde Gehzeit. Entlang der Tour gibt es aber je nach Lust und Laune noch weitere Möglichkeiten abzukürzen.

Klammgeister

In Mittenwald gibt es übrigens noch eine weitere spannende Familienwanderung. Der Themenweg »Geisterklamm« führt über viele Brücken und Stege hoch über der Leutasch hinüber nach Österreich. Sehr empfehlenswert!

Für eine längere Wanderung nehmen wir uns als nächstes Ziel die Eroberung des Kranzberggipfels vor. Dafür gehen wir vom Kneippbecken ein Stück den Barfußpfad zurück. Am Aussichtsplatz geht es dann links auf breitem Weg hinauf zum Kranzberggipfel. Beim Aufstieg müssen wir uns ab und an umdrehen, um die herrliche Aussicht zu bewundern. Schnell erreichen wir das Kranzberghaus, wo sich die sonnige Terrasse zur Einkehr anbietet. Zuvor steigen wir aber noch die wenigen Meter höher zum Gipfel. Auf dem 1391 Meter hohen Kranzberg, der eher einem sanften Hügel gleicht, steht eine kleine Holzhütte. Wenn der Wind pfeift, finden wir dort sicher ein geschütztes Plätzchen, um die Aussicht auf die gewaltige Karwendel-Bergkette zu genießen. Panoramatafeln erklären uns die einzelnen Gipfel. Vom Gipfel steigen wir wieder zum Kranzberghaus hinunter. Hier finden wir einen

Am Berggasthof St. Anton beginnt und endet der Barfußpfad, was für alle Familien mit kleineren Kindern leicht zu schaffen ist.

Wegweiser, der uns rechts am Haus vorbei Richtung Ferchensee schickt. Durch lichten Mischwald geht es talwärts, der Weg führt zum Teil über Holzbohlen, teils über offenliegendes Wurzelwerk. Wenn es zuvor geregnet hat, ist hier etwas Vorsicht geboten. Wir erreichen die Kehre einer breiten Forststraße, unter ihr führt unser Weg wieder in den Wald.

Bei einer Wegverzweigung gehen wir geradeaus (links könnten wir die Wanderung auf direktem Weg zum Lautersee abkürzen) und erreichen in großem Bogen den schönen Ferchensee. Im Sommer können wir hier baden oder im Gasthaus Ferchensee einkehren. Wir nehmen den Wanderweg, der an seinem Südufer entlangführt und machen uns auf den Weg zum nächsten See. Dabei überqueren wir noch einmal die Fahrstraße und sind so schnell am Lautersee. Links um den See, am Freibad vorbei, treffen wir auf eine barocke, rosafarbene Kapelle. Weiter geht es in Wanderrichtung zu dem einzelnen Haus. Dort am Waldrand verzweigt sich gleich der Weg. Wir wählen den linken Weg und wandern oberhalb des Laintals im leichten Auf und Ab dahin. Jetzt geht es auf dem Waldlehrpfad zum Panoramaweg. Auf den letzten Metern zurück zur Talstation genießen wir die schöne Aussicht über Mittenwald. Vorbei an einem einsamen Haus sind wir schnell wieder zurück an unserem Ausgangspunkt.

Motivationsspiele beim Gehen

Auch wenn Spielpausen an Bach, Wald und Wiese noch so viel Spaß machen. Bei einer Bergtour muss man eben auch Strecke machen, um den (oft vor allem von den Eltern) heiß ersehnten Gipfel zu erreichen. Deswegen ist spielerische Ablenkung, welche die Kids während des Gehens motiviert, oft ein ideales Mittel zum Erfolg.

Markierungssuche. Dieser Zeitvertreib ist besonders einfach. Er lautet ganz einfach: »Wer von den Kindern findet als Erstes den nächsten roten Punkt (bzw. andere Wegmarkierungen) am Stein oder Baum?« Besonders gut funktioniert die Suche, wenn der Anstieg nicht übermarkiert ist, sondern wenn die Punkte leicht versteckt oder gar verblasst sind.

Schritte zählen. Kleine Kinder zählen bis zehn, größere bis 50 oder 100 und dürfen dann einen kleinen Kieselstein in die Hand nehmen. Jeder zehnte Stein wird in einen größeren Stein umgetauscht. »Mal schauen, wie viele Steine es wohl werden.« Meistens vergessen die Kinder das Zählen nach einiger Zeit. Aber das macht nichts – Hauptsache, sie laufen.

Begriffe raten. Papa oder Mama denken sich einen Begriff aus (sinnig sind solche, die mit dem Wandern zu tun haben wie »Bach« oder »Reh«) und das Kind soll diesen durch Fragen erraten, die mit »Ja« oder »Nein« beantwortet werden können. Der Gewinner denkt sich den nächsten Begriff aus.

Zeit zum Ratschen. Wenn Ihr Kind keine Lust zum Wandern hat, dann verwickeln Sie es doch einfach in ein Gespräch. »Wie geht es deiner Freundin Susi eigentlich, seid ihr eigentlich immer noch die dicksten Pausenfreundinnen?« Fernab der alltäglichen Familienorganisation bleibt beim Wandern viel Zeit, um Ihrem Kind in Ruhe zuzuhören. Zumindest bis zur Pubertät freuen sich die Kids erfahrungsgemäß sehr über die uneingeschränkte Aufmerksamkeit.

Quatsch-Geschichte. Die Kinder dürfen sich etwa sechs Worte ausdenken, die möglichst komisch sein sollten, aber auch mit den Bergen zusammenhängen sollen, wie z. B. Kuhfladen oder Berg-Kobold. Diese sechs Begriffe müssen dann in einer Geschichte vorkommen, die einer der Erwachsenen unterwegs erfindet. Der erzählerischen Fantasie sind dabei freilich keine Grenzen gesetzt. Sie glauben, es fällt Ihnen nichts ein? Keine Angst, versuchen Sie es einfach mal!

Lieder singen. Auch Musik kann eine Bergtour unerwartet beflügeln. Alte Kamellen, wie »Im Frühtau zu Berge ...« sind freilich eher zu vermeiden. Auch hier gilt: Je alberner, desto besser. Wie war das gleich wieder mit den drei Chinesen und dem Kontrabass?

Einmal die Große Freiheit am Berg spüren – ein unvergessliches Familienerlebnis

Tegernseer, Schlierseer und Isarwinkler Berge

11 Spannende Kammwanderung mit Seilbahn-Unterstützung

VOM HERZOGSTAND ZUM HEIMGARTEN

Die Überschreitung vom Herzogstand zum Heimgarten ist mit trittsicheren Kindern ab etwa acht Jahren eine großartige Sache, zumal der Anstieg dank Seilbahnhilfe wenig anstrengend und die Aussicht sensationell ist.

Nachdem man ohne Schweißverlust zur Bergstation der Herzogstand-Seilbahn hinaufgeschwebt ist, folgt man dem breiten Fußweg, der um den Fahrenberg herum zum Herzogstandhaus führt. Schon auf den ersten Metern bietet sich eine großartige Aussicht auf den Walchensee, die bestimmt nicht nur die Eltern eindrucksvoll finden.

Man befindet sich nun auf höchst königlichen Spuren, denn an den heutigen Herzogstand-Häusern befanden sich ein Jagdhaus von Maximilian II. und

| schwer | 10 km | 5 Std. | ↑300 m ↓1100 m |

Tourencharakter Großartig aussichtsreiche Kammüberschreitung, die aber Trittsicherheit erfordert **Altersempfehlung** Ab 8 Jahren **Ausgangspunkt** Bergstation der Herzogstandbahn **Endpunkt** Talstation der Herzogstandbahn **GPS-Daten** 47°35'46.6"N 11°18'57.8"E **Anfahrt** **Auto:** Von München auf der A 95 bis Murnau-Kochel, weiter über Schlehdorf nach Kochel und über den Kesselberg nach Walchensee, wo sich die Talstation befindet. **Bahn/Bus:** Von München über Tutzing nach Kochel und weiter mit dem Bus 9608 nach Walchensee **Einkehr** Herzogstandhaus, ganzjährig bewirtschaftet; Heimgartenhütte, bewirtschaftet von Ende Mai bis Ende Oktober **Karte** Alpenvereinskarte 1:25 000, Blatt BY 9 Estergebirge **Information** Tourist-Info Kochel, Tel. 08858/411, www.kochel.de; Seilbahn: www.herzogstandbahn.de

Spannende Kammwanderung mit Seilbahn-Unterstützung

Auch ältere Vorschulkinder, die trittsicher sind, können die Grattour machen, wenn die Eltern bei Stahlseil gesicherten Passagen bei ihnen sind.

ein Schlösschen seines Sohnes König Ludwig II., die leider 1990 einem Großbrand zum Opfer fielen. An dieser ersten, recht überlaufenen Einkehrmöglichkeit geht es zügig rechts vorbei. Der Weg quert zunächst in etwa derselben Höhe weiter an der Nordseite des Martinskopfs zu einem Sattel, wo sich eine für Jung und Alt empfehlenswerte Naturinformationstafel befindet.

Hat man sich über Flora und Fauna der umliegenden Berge ein wenig kundig gemacht, geht es weiter ohne jegliche Orientierungsschwierigkeiten über einige Serpentinen durch den mit Latschen bewachsenen Gipfelhang des Herzogstands zum

Auf nach Flake

Nach der Tour solltet ihr eure Eltern zu einem Besuch im kleinen Wikingerdorf unweit der Talstation überreden. Bei den Bauten des Wickie-Films könnt ihr nämlich auch noch prima in den Walchensee springen.

höchsten Punkt hinauf, wo ein kleiner Holzpavillon steht, der bei Gewitter Schutz bietet.

Ein solches sollte für die folgende Kammwanderung keinesfalls im Anzug sein. Vom 1731 Meter hohen Gipfel aus folgt man nun mit dem Schild »Heimgarten – alpine Erfahrung notwendig« immer dem unübersehbaren Bergkamm nach Westen, der zunächst absteigend hinüber zum Heimgarten führt. Der Kamm ist zumeist recht breit und nur an wenigen Stellen muss man auch einmal die Hände zu Hilfe nehmen. Heiklere Passagen sind mit Stahlseilen gesichert. Trittsicherheit ist dennoch angesagt.

In leichtem Auf und Ab geht es nun immer den Kamm entlang, wobei man großartige Ausblicke auf den Kochelsee und das Alpenvorland hat. Nachdem wir eine Abzweigung nach rechts ignoriert haben, gelangen wir an den Fuß des östlichen Gipfelhanges des Heimgartens, dessen Gipfelkreuz man sich mit einem nicht allzu langen Schlussanstieg erobern muss.

Nach der ausgiebigen Panoramapause wendet man sich nach Süden und steigt zur urigen, direkt unter dem Gipfel gelegenen Heimgartenhütte ab. Mit ihrer großartigen Aussicht auf den Walchensee und das Karwendelgebirge ist sie der perfekte Ort, um Eltern wie Kinder mit einer Erfrischung für

Spannende Kammwanderung mit Seilbahn-Unterstützung

Geschafft! Am Heimgartengipfel gibt's zur Belohnung noch den Schnee vom letzten Winter.

die gemeisterte Kammüberschreitung zu belohnen. Für den Abstieg zurück zum Ausgangspunkt folgt man der Beschilderung »Walchensee/Talstation« und somit dem Steig nach Süden hinab. Durch zunächst freies, dann lichtes Waldgelände geht es hinunter zum Wiesensattel bei der Ohlstädter Alm. Hier geht man zunächst unterhalb des Rotwandkopfes nach Süden und wendet sich nach einem letzten Gegenanstieg in Richtung Osten. Weiter geht es im Wald auf einen schönen Weg hinab, bis dieser in Talnähe zu einer Forststraße wird. Dieser folgen wir noch ein kurzes Stück und biegen dann nach links der Beschilderung folgend in einen schmaleren Weg ab. Entlang eines Baches geht es weiter hinab und zu den ersten Häusern. An einer Gabelung der Teerstraße halten wir uns schließlich links, überqueren eine Brücke und sehen bald darauf auch schon die Talstation der Herzogstandbahn vor uns.

12 Auf den beliebten Aussichtsgipfel

VOM KESSELBERGSATTEL ZUM JOCHBERG

Trotz seiner recht bescheidenen Höhe bietet der Jochberg eine sensationelle Aussicht. Der abwechslungsreiche und vergleichsweise leichte Anstieg durch schönen Bergmischwald macht ihn zur idealen Familientour.

Direkt am Alpenrand, hoch über Walchensee und Kochelsee gelegen, ist der Jochberg ein extrem lohnendes Wanderziel. Das hat sich über die Jahrzehnte ziemlich herumgesprochen, weswegen man diese Tour idealerweise unter der Woche unternimmt. Was mit Kindern freilich nur zu Ferienzeiten geht. Wer also nur am Wochenende Zeit hat, kann sich alternativ antizyklisch verhalten, also ganz in der Früh starten oder aber erst nach Mittag losgehen, wenn die meisten schon oben sind und wieder absteigen, wenn man selbst den Gipfel erreicht.

Der Weg zum Gipfel ist nicht zu verfehlen: Am Kesselbergsattel erblickt man auf der nördlichen Straßenseite den Wegweiser zum Jochberg. In angenehmer Steigung gewinnt man im schönen Bergmischwald schnell an Höhe. Nach einer guten Stunde gelangt man zu einem Waldsattel

| mittel | 6 km | 3,5 Std. | 715 m |

Tourencharakter Waldreicher Anstieg auf tollen Aussichtsberg. Keinerlei technische Schwierigkeiten. **Altersempfehlung** Ab 6 Jahren **Ausgangs-/Endpunkt** Kesselbergsattel **GPS-Daten** 47.621764, 11.349370 **Anfahrt Auto:** Auf der A 95 bis Ausfahrt Kochel und über Kochel zum Kesselbergsattel. Parkplatz direkt dahinter sowie längerer Parkstreifen ca. 200 m davor. **Bahn/Bus:** Mit dem Zug über Tutzing nach Kochel und weiter mit Bus 9608 zum Kesselbergsattel **Einkehr** Jocher Alm von Mai bis Oktober, Mo Ruhetag **Karte** Alpenvereinskarte 1:25 000, Blatt BY 11 Isarwinkel **Information** Tourist-Info Kochel, Bahnhofstr. 23, 82431 Kochel, Tel. 08851/338, www.kochel.de

Auf den beliebten Aussichtsgipfel

Auf dem tollen Aussichtsgipfel Jochberg wird man auch unter der Woche selten allein sein.

und wendet sich an der Gabelung einem weiteren Schild folgend nach links. Bald erreicht der Weg die gewaltigen Nordabstürze des Jochbergs. Kinder sollte man vorher darauf aufmerksam machen, dass diese auf dem Weg bleiben sollen (der etwa in vier Meter Entfernung zur Geländekante verläuft) und wenn, dann nur zusammen mit einem Elternteil einen Blick in die Tiefe wagen dürfen.

Kurz danach tritt man aus dem Wald heraus und erreicht die freien Wiesen der Jocher Alm. Wir folgen bei der nächsten Gabelung wieder dem linken Weg, gehen durch ein Gatter und gelangen über den Südrücken zum 1565 Meter hohen Gipfelkreuz.

Im Sommer 2013 wurden übrigens Pläne veröffentlicht, genau in der wunderschönen Mulde der Jocher

Bei den Wikingern

Nach der Tour bietet sich etwas weiter im Süden gegenüber der Herzogstandbahn gelegen das immer zugängliche kleine Wikinger-Dorf als attraktiver Familien-Uferplatz an.

Alm ein gigantisches Pumpspeicherbecken zu errichten. Zum Zeitpunkt des Redaktionsschlusses sah es zum Glück so aus, dass diese Pläne wegen der großen Widerstände vor Ort und bei Umweltschützern wieder in der bürokratischen Schublade verschwunden sind.

Nachdem man sich an der einzigartigen Aussicht sattgesehen hat – im Norden liegt tief unter uns das Alpenvorland mit seinen bezaubernden Seen, im Süden ragt hinter dem Walchensee das beeindruckende Karwendelgebirge in den Himmel – steigt man auf demselben Weg wieder hinab.

Wer nach der Gipfelbesteigung seinen Kindern eine Limo spendieren möchte, geht noch vor dem Waldrand nach links und folgt dem unübersehbaren Weg zur nahegelegenen Jocher Alm. Von dort aus kann man folgende Rundtour noch mit dranhängen. Zunächst geht es von der Alm auf einer breiten Forststraße abwärts. An einer Kurve folgt man der Abzweigung in Richtung Urfeld. Durch den Wald geht es nun auf einem schmalen Weg hinab zum Walchensee. Hier wenden wir uns nach rechts und folgen dem geteerten Uferweg zum kleinen Ort Urfeld. Von dort geht es in etwa zehn Minuten wieder hinauf zum Parkplatz.

Wasserfälle mit Spurensuche

AUF DEN STUTZENSTEIN

Ein bisschen Abenteuerlust gehört zum Wandern dazu! Diese brauchen wir heute, denn der Stutzenstein ist nirgends ausgeschildert. Also, liebe Eltern und Kinder: Erinnert euch an alle Pfadfindertricks und los geht's zu einer spannenden und unbekannten Tour vorbei an den herrlichen Wasserfällen von Kochel am See.

Wir wandern in Richtung Badepark, halten uns dort aber in Ufernähe. Zunächst geht es am Kochelsee entlang auf der Uferpromenade. Bald schon wendet sich diese nach links, weg vom See. Nach dem Kurpark stoßen wir auf

mittel   9 km   2,5 Std.   450 m

Tourencharakter Wer nur über den Wasserfallweg zur Kohlleitenalm wandert, den erwartet eine leichte Wanderung. Der Aufstieg zum Stutzenstein ist steil und nicht ausgeschildert – also kein gepflegter Wanderweg. Für den Gipfel braucht man etwas Trittsicherheit. **Altersempfehlung** Ab 4 Jahren, dann aber ohne Gipfelsturm **Ausgangs-/Endpunkt** Kochel, Parkplatz am ehemaligen Trimini/Kristalltherme **GPS-Daten** 47°39'26.4"N 11°21'22.1"E **Anfahrt Auto:** Auf der Garmischer Autobahn A 95 bis Ausfahrt Murnau/Großweil. Links über Großweil und Schlehdorf nach Kochel; kurz nach der Ortseinfahrt rechts einbiegen, zum ehemaligen Badepark Trimini, der jetzt Kristalltherme heißt; dort gibt es viele Parkmöglichkeiten. **Bahn/Bus:** Mit der Bahn bis Kochel, dann folgt man einfach der B 11 durch den Ort, bis der Weg in Höhe des Kurparks mit dem beschriebenen Wanderweg zusammentrifft. **Einkehr** Unterwegs keine, es gibt aber schöne Aussichts-Rastplätze; am Ende der Tour empfehlen wir in Kochel das Bauerncafé Zum Giggerer beim Rathaus (Mo, Di Ruhetag). **Karte** Kompass 1:50 000, Nr. 7 Murnau Kochel Staffelsee **Information** Tourist-Info Kochel, Bahnhofstr. 23, 82431 Kochel, Tel. 08851/338, www.kochel.de

die große Ortsdurchgangsstraße, die B 11. Ihr folgen wir auf einem Gehweg nach rechts. Leicht bergab, vorbei am Parkplatz des Franz Marc Museums, treffen wir schließlich auf die große Firma Dorst. Hier queren wir die Straße und beginnen mit dem Aufstieg ins Lainbachtal auf der Alten Straße, einem nur für Fußgänger freigegeben Wanderweg. Die Firma Dorst und der Lainbach liegen nun zu unserer rechten Seite!

Jetzt haben wir den Einstieg zum leichten Teil der Wanderung gefunden. Wir folgen dem rauschenden Bach aufwärts, der sich hier ein tiefes Bachbett in den felsigen Grund gegraben hat. Unter den Bäumen ist es angenehm kühl und meist weht ein erfrischender Wind entlang des Bachlaufs.

Am Waldrand stoßen wir dann auf eine Teerstraße. Rechts geht es hinauf zur Kochler Sonnenspitze, wir jedoch bleiben unserem Bach treu, der jetzt nicht nur zum Lainbachfall, sondern auch als Vogellehrpfad ausgeschildert ist. Kurz darauf queren wir den Bach. Infotafeln zur heimischen Vogelwelt gestalten den nun steiler ansteigenden Weg abwechslungsreich, sodass sicherlich keine Langeweile aufkommt.

Schließlich nähern wir uns einem Wasserfall, dem Lainbachfall. Der Pfad steigt nun steil an der Kante des Wasserfalls hinauf, kleinere Kinder gehören hier an die Hand. Ein hölzernes Geländer sichert den Weg. Oben biegen wir um die Ecke und stehen ganz unvermittelt am oberen Wasserfall. Wie ein

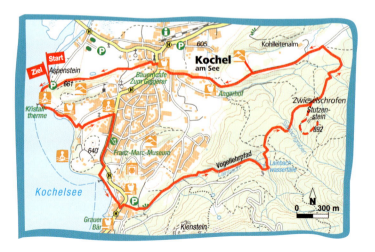

Die Wanderung endet am schönen Kochelsee.

Schleier fällt meterhoch das Wasser vom Fels. Ein magischer Anblick und eine natürliche Dusche. Das Wasser ist, wie es sich für ein ordentliches Bergwasser gehört, sehr kühl. Es prickelt auf der Haut!

Nach einer erfrischenden Rast folgen wir dem Weg weiter bergauf. Diejenigen, die sich den Stutzenstein als Ziel vorgenommen haben, müssen nun aufpassen. Die Abzweigung hierfür erreichen wir etwa 15 Minuten nach dem oberen Wasserfall. Bis zu dieser Abzweigung wandern wir allerdings alle weiter, auch diejenigen, die den Stutzenstein auslassen. Dafür folgen wir der weiß-roten Markierung in Richtung Kohlleite. Bald passieren wir eine Abzweigung, die links nach Kochel führen würde. Einheimische Kinder spielen hier gerne und bauen sich kleine Asthütten im Wald. Weiter dem Weg folgend geht es nun leicht auf und ab. Auf dieser Strecke queren wir nun mithilfe von Stegen zwei Bergbäche. Dann fällt der Weg leicht ab, wir queren noch ein Rinnsal, diesmal ohne Brücke, und treffen, nach dem nächsten Mini-Anstieg, wieder auf Wanderwegschilder. An dieser Stelle stößt von rechts im spitzen Winkel ein breiterer, nicht ausgeschilderter Forstweg zu uns. Dies ist die Abzweigung zu unserem Abstecher auf den Stutzenstein. Wir kommen nach dem Gipfelsturm hierher zurück, wer keine Abenteuerlust verspürt, folgt einfach gleich dem ausgeschilderten Heilklimaweg 42 weiter durch den Wald.

Für alle anderen ist der kleine Aussichtsgipfel in etwa 40 Minuten erreichbar. Dafür folgen wir zunächst eine halbe Stunde dem Forstweg und halten uns dabei immer auf dem Hauptweg. Dieser führt bald anstrengend steil über eine lange Gerade hinauf. Dieses Stück ist zu schaffen, denn gleich

Badefreuden

Nach der Wanderung bleibt vielleicht noch Zeit, die vor Kurzem umgebaute Kristalltherme zu besuchen. Das ehemalige Familienbad Trimini liegt immer noch einmalig schön direkt am Kochelsee. Wer lieber noch ein Minigolf-Match absolvieren möchte, findet eine Anlage mitten im Ort an der B 11.

dahinter sehen wir links des Wegs unser Ziel, den Felsklotz des Stutzensteins. In wenigen Minuten haben wir ihn auf einem schmalen Pfad erstiegen. Das Plateau auf dem Felsen entpuppt sich als sehr klein und nur wenige Wanderer haben darauf Platz. Natürlich ist Vorsicht geboten! Der Fels fällt steil ab und die vorderste Kante ist nichts für Schwindelanfällige. Die Sicht jedoch ist fantastisch! Tief unter uns liegt Kochel mit seinem See. Nach Westen erstreckt sich die weite Moorebene, die Kochel und Benediktbeuern miteinander verbindet. Der beste Platz für eine Gipfel-Brotzeit. Zurück geht es auf gleichem Weg bis zur beschriebenen Abzweigung. Hier folgen wir nun ebenfalls dem Heilklimaweg 42. Nach einer weiteren Bachquerung steigen wir zu einer wunderschönen Almwiese, der Kohlleite hinab. Hier treffen wir auf eine breitere Almstraße, der wir nach links folgen. Die Almen auf der Wiese sind alle in Privatbesitz und leider nicht bewirtschaftet. Trotzdem genießen wir auch von hier eine wunderschöne Aussicht über den Kochelsee auf Herzogstand und Heimgarten.

Kurz bevor es endgültig hinab nach Kochel geht, wandern wir am Wasserreservoir nach rechts zum wunderschönen Aussichtspunkt Kohlleite. Die Rastbänke gruppieren sich unter drei mächtigen Bäumen. Wer kann sie bestimmen? Franz Marc malte hier eines seiner berühmten Bilder, die »Zwei Frauen am Berg«. Für uns ist es der zweitschönste Rastplatz, als krönender Abschluss zu dieser Wanderung.

Auf der Almstraße geht es nun schnell die letzten Höhenmeter hinunter nach Kochel, wo wir durch die Kalmbachstraße, vorbei an dem Bauerncafé Zum Giggerer und dem Rathaus bis zur B 11 gehen. Mit einem Abstecher nach rechts lässt sich in wenigen Minuten die Eisdiele Tre Scalini erreichen. Für fleißige Wanderkids gibt es dort sicherlich eine Belohnung. Wir queren die Straße und den Schmied-von-Kochel-Platz und biegen links vom Gasthaus zur Post in die Hanersimmergasse ein. Diese führt an der kleinen Dorfkirche vorbei über Felder in den Seeweg. So kommen wir absolut verkehrsberuhigt zurück zu unserem Ausgangspunkt, dem Parkplatz an der Loisach.

Sonnenverwöhnte Runde mit schönem Wildbach

VON DER JACHENAU AUF DEN HIRSCHHÖRNLKOPF

Auch wenn die Tour zu Anfang auf breiten Forststraßen erfolgt, ist der Hirschhörnlkopf ein Muss für aktive Familien. Sowohl das Gelände rund um die Pfundsalm als auch der Weg am Bach der Großen Laine bieten nette Spielmöglichkeiten.

Vom Parkplatz aus folgt man einem breiten Fahrweg nach Westen und wandert entlang eines Baches über eine freie Wiesenfläche. Bald schon kann man den Kindern das Ziel der Tour zeigen: Unübersehbar ragt der breite Gipfelrücken des Hirschhörnlkopfs in der Ferne in den Himmel. Es geht noch ein Stück lang flach weiter, bis man an eine Kreuzung gelangt, wo man den Wegweisern entsprechend nach rechts geht. Auch an der darauffolgenden Gabelung halten wir uns rechts und wandern weiter auf einer Fahrstraße leicht bergab.

Bald erreicht man eine freie Wiese, wo der beschilderte Anstieg zum Hirschhörnlkopf nach links abzweigt. Auf nun etwas schmalerem

| mittel | 10 km | 4 Std. | 700 m |

Tourencharakter Anfangs Forststraßen, dann schöne, mäßig steile, südseitige Bergwege und zuletzt ein traumhafter Gipfelrücken **Altersempfehlung** Ab 6 Jahren **Ausgangs-/Endpunkt** Wanderparkplatz in Jachenau **GPS-Daten** 47°36'22.5"N 11°25'59.0"E **Anfahrt Auto:** Über Holzkirchen und Bad Tölz an Lenggries vorbei und der Beschilderung nach Jachenau folgen; am gebührenpflichtigen Parkplatz neben der Kirche parken.
Bahn/Bus: Mit dem Zug nach Lenggries und mit Bus 9595 nach Jachenau **Einkehr** Unterwegs keine, nach der Tour Gasthaus zur Jachenau
Karte Alpenvereinskarte 1:25 000, BY 11 Isarwinkel
Information Verkehrsamt Jachenau, Tel. 08043/91 98 91, www.jachenau.de

Auf den weiten Wiesen der Pfundsalm können sich die Kids bei Laufspielen austoben.

Fahrweg geht es in leichten Kurven nun etwas steiler bergan, bis der Fahrweg an einem Holzplatz endet. Der Anstieg erfolgt ab hier auf einem schmalen Fußweg, der sich nun nach Norden wendet und durch den immer lichter werdenden Wald in vielen kleinen Kehren in gleichbleibender Steigung bergan führt.

Wo das Gelände etwas flacher wird, wendet sich der Bergweg nach links und quert nun nur noch ganz leicht ansteigend zur herrlich gelegenen, aber unbewirteten Pfundalm hinüber. Schon hier sollte man eine erste Panorama-Pause einlegen, da die umliegenden Wiesenflächen ein ideales Spielgelände bieten. Bei Herbstwind ist hier ausreichend Platz, um mit den Kindern sogar Drachen steigen zu lassen. Zuvor sollte man natürlich auf den Gipfel steigen, zu dem ein wunderschöner Bergrücken hinaufführt. Schon beim Anstieg kommt man aus dem Schauen nicht mehr heraus. Trotz seiner bescheidenen Höhe von nur 1515 Metern bietet der Hirschhörnlkopf eine überwältigende Aussicht, die bei klarer Luft bis zum Großglockner reicht.

Die Kinder wird ein feuchtes Naturschauspiel, das auf dem Abstiegsweg liegt, wahrscheinlich mehr interessieren. Zunächst steigen wir auf demsel-

Hirschbachstüberl

Auf dem Rückweg Richtung München sollte man unbedingt in der urigen Lenggrieser Veggie-Wirtschaft Hirschbachstüberl einkehren, die gerade auch für Kids leckere Gerichte anbietet. www.hirschbachstueberl.de.

Sonnenverwöhnte Runde mit schönem Wildbach

ben Weg bis zur breiten Fahrstraße im Talboden hinab. Hier wendet man sich nun aber nach links, folgt der Fahrstraße über einen Bach und steht auch schon an der idyllischen Brunnenmooswiese. Ist das Gras hier kurz, kann man direkt nach halbrechts zum gegenüberliegenden Waldrand gehen, wo man auf den Fußweg nach Jachenau trifft. Ansonsten folgt man dem Fahrweg weiter nach Osten, bis man zum offiziellen Abzweig gelangt.

Der Schlussabschnitt führt nun entlang des Waldrands zur großen Laine, die unseren Weg nach Süden begleitet. Dort wo der Weg den Wildbach erreicht, gibt es nette Plätze, um am Schluss der Tour am Bach zu spielen oder sich die Füße zu kühlen. Fließt genug Wasser, kann man im Hochsommer sogar ein kleines Bad in der einen oder anderen Gumpe nehmen.

Ganz zum Schluss wendet sich der Weg allerdings vom Bach weg und führt leicht ansteigend, dann wieder absteigend zum Ausgangspunkt zurück.

15 Parade-Voralpenberg mit Sommerrodelbahn

AUF DEN BLOMBERG UND DEN ZWIESEL

Die Tour auf den Blomberg ist der perfekte Familienausflug. Ob mit dem Lift oder zu Fuß, der Weg ist nicht schwer und lässt sich fast das ganze Jahr gehen. Es locken nicht nur das Blomberghaus, der Hochseilgarten und die Kunstmeile, sondern vor allem auch die Sommerrodelbahn.

Der Blomberg ist ein klassischer Voralpenberg, der, wenn wir es genau nehmen, eigentlich aus drei Gipfeln besteht: Blomberg, Heiglkopf und Zwiesel. Gerade Letzterer ist ein wunderbarer Aussichtsgipfel, den wir unbedingt mitnehmen sollten. So stellt sich gleich zu Beginn die Frage: Mit dem Lift oder zu Fuß? Mit kleineren Kindern wählt man sicherlich den Sessellift. Da bleibt genug Energie, um die Wanderung vom Blomberg zum Zwiesel zu schaffen.

| leicht | 6 km | 1,5 Std. | ↑200 m ↓500 m |

Tourencharakter Einfache Wanderung auf Forststraßen. Der Aufstieg wird mit dem Lift abgekürzt, der Abstieg mit der Sommerrodelbahn. **Altersempfehlung** Ab 4 Jahren **Ausgangs-/Endpunkt** Wanderparkplatz am Blomberg **GPS-Daten** 47.747784, 11.516309 **Anfahrt** **Auto:** Garmischer Autobahn A 95 bis Ausfahrt Sindelsdorf und weiter Richtung Bad Tölz; zwischen Stallauer Weiher und Bad Tölz direkt an der Straße befindet sich der große Parkplatz am Blomberg. **Bahn/Bus:** Von München nach Bad Tölz, weiter mit dem Bus bis zum Blomberg **Öffnungszeiten** Lift täglich 9–17 Uhr, Sommerrodelbahn 10.30–17 Uhr **Preise** Auffahren bis Bergstation und Rutschen: Erwachsene 8,50 €, Kinder 8–13 Jahre 6 €, Liftfahrt 3–7 Jahre 3 € **Einkehr** Blomberghaus, geöffnet täglich 9.30–18 Uhr **Karte** Kompass 1:50 000, Nr. 182 Isarwinkel **Information** Tölzer Land Tourismus, Tel. 08041/786 70, www.bad-toelz.de

Parade-Voralpenberg mit Sommerrodelbahn

Vom Zwiesel genießen wir eine weite Aussicht über den Isarwinkel bis zum Karwendel.

Der Weg ist äußerst kurzweilig gestaltet. Er führt entlang verschiedener Kunstwerke, die für das Projekt »Kunstwanderweg« von heimischen Künstlern gestaltet wurden. Von der Bergstation des Lifts sind es nur zehn Minuten hinunter zum Blomberghaus und von dort knappe 40 Minuten in süd-westlicher Richtung – nun ansteigend und bald auf einem schmaleren Wanderweg – bis zum Zwieselgipfel. Ein perfekter Platz für alle kleinen und großen Gipfelstürmer, denn die Aussicht ist wunderschön.

Zurück geht es dann auf dem gleichen Weg bis zum Blomberghaus.

Jede Menge Isarkies

Am Fuße des Blombergs gibt es viel technisiertes Freizeitvergnügen und ein Tiergehege. Wen es nach der Bergtour aber mehr in die Natur zieht, der fährt bis in die nahe Stadt Bad Tölz. Hier gibt es noch jede Menge Naturspielplätze auf den Kiesbänken der Isar.

Nach dem Aufstieg über den sanften Wiesenbuckel wartet das Gipfelkreuz des Zwiesels auf uns.

Hier können wir gut einkehren. Hinter dem Haus liegt der Hochseilgarten und vor dem Haus ein toller Spielplatz. Dann machen wir uns auf den Weg hinunter zur Mittelstation. Wenige Meter unterhalb der Mittelstation können wir uns den Abstieg mit der Sommerrodelbahn verkürzen. Auf einer Länge von 1300 Metern gilt es 40 Kurven zu meistern. Kinder ab acht Jahren dürfen alleine fahren, jüngere Passagiere fahren auf dem Schoß der Eltern mit. Aber Achtung! Die Bahn hat es ganz schön in sich und bei feuchter Witterung wird sie geschlossen. Aber eines ist sicher: So eine rasante Abfahrt ins Tal macht jede Menge Spaß!

Wer doch etwas mehr wandern möchte, kann ja den kompletten Aufstieg in Erwägung ziehen. Rechts von der Talstation führt in einigem Abstand zur Versorgungsstraße ein netter Wanderweg durch den Wald hinauf zum Blomberghaus. Für die 650 Höhenmeter braucht man jedoch fast zwei Stunden.

Abwärts geht es dann ab der Mittelstation mit der Sommerrodelbahn. Ein Riesenvergnügen!

16 Sonnige Wanderung über dem Isartal

PERFEKTE SPRITZTOUR AUF DIE SONNTRATEN

Die Sonntraten im Isarwinkel ist zwar kein richtiger Berggipfel, mit ihren südseitigen Wiesenhängen dafür aber ein echtes Südhangschmankerl, an dem man bis in den Spätherbst hinein noch mal so richtig Sonne tanken kann.

Nachdem man sich vergewissert hat, dass die Brotzeit nicht etwa noch auf dem Küchentisch liegt (auf der Tour gibt es keine Einkehrmöglichkeit), folgt man vom Wanderparkplatz der Straße kurz nach Osten und biegt dann links in einen beschilderten Fahrweg ein. An der nächsten Gabelung hält man sich wieder links (Beschilderung »Sonntraten Fußweg«) und geht direkt auf den breiten Südhang zu. Ohne jegliche Orientierungsprobleme folgt man dem deutlichen Weg, der zumeist angenehm flach und nur ein kürzeres Stück mit Stufen auch steiler an Höhe gewinnt.

An einem schönen Platz unter uralten Eichen bietet sich eine erste Zwischen-Brotzeit für die Allerkleinsten an. Gut gestärkt verläuft der weitere Anstieg zuletzt kurz durch ein Waldstück in Serpentinen, bevor man in wieder freiem Gelände in einer ansteigenden Querung den »Gipfel« erreicht, der sich als vor einem Wald-

| leicht | 4 km | 2 Std. | 340 m |

Tourencharakter Wunderschöne Alpenrand-Wanderung mit traumhaften Ausblicken ins Isartal
Altersempfehlung Ab 5 Jahren **Ausgangs-/Endpunkt** Wanderparkplatz beim Ortsteil Grundnern kurz vor dem Draxl-Lift **GPS-Daten** N°42'45.7"N 11°35'17.4"E **Anfahrt** Über Holzkirchen nach Bad Tölz und weiter Richtung Lenggries; links nach Gaisach abzweigen und dort rechts der Beschilderung zum Draxl-Lift folgen; nach ein paar Kilometern gelangen wir zum gebührenpflichtigen Wanderparkplatz (noch vor dem Draxl-Lift) **Einkehr** Unterwegs keine **Karte** Alpenvereinskarte 1:25 000, BY 11 Isarwinkel **Information** Bad Tölz Tourismus, Tel. 08041/78 67-0, www.bad-toelz.de

Eine uralte Eiche bietet unterwegs einen optimalen Pausenplatz.

rand liegender flacher Geländeabsatz präsentiert. Das tut der grandiosen Aussicht aber nicht den geringsten Abbruch. Im Herbst, wenn die Blätter gefallen sind, kann man im Tal die Isar glitzern sehen. Etwas unterhalb bieten sich zwei Bankerl zum Rasten an. Wer dort die angegebene Alpenvereinskarte aus dem Rucksack zieht und enttäuscht feststellt, dass er den falschen Berg erwischt hat, sei beruhigt. So wie das bei alpinen Ortsnamen immer mal wieder der Fall sein kann, wird die Sonntraten auch mit einem anderen Namen, und zwar Schürfentraten, gehandelt, für den sich z. B. die Alpenvereinskartografen entschieden haben.

Einen Sonnenuntergang im Gebirge zu erleben ist auch für Kinder ziemlich spannend. Im Sommer braucht man dafür große Geduld und auf längeren Touren eine gute Stirnlampe für den Abstieg. An der Sonntraten kann man im Spätherbst auf beides verzichten. Schon der Name des über dem Isartal liegenden Aussichtsbal-

Bauernmarkt

Freitags kann man vor der Tour am Bad Tölzer Bauernmarkt eine leckere Brotzeit einkaufen. Die zumeist regionalen Produkte werden bis 13 Uhr am Jungmayr-/Fritzplatz verkauft.

In der Herbstsonne wird selbst Staub zur reinsten Feuer-Show.

Sonnige Wanderung über dem Isartal

Die perfekt geneigten Bergwege sind für Groß und Klein das reinste Kinderspiel.

kons verrät, dass es sich um einen »zur Sonn` drahten« Südhang handelt. Da sich die Sonne zum Beispiel Mitte November etwa um halb fünf hinter dem Brauneck verabschiedet, ist 15 Uhr keine schlechte Startzeit. Schließlich beträgt die Aufstiegszeit gerade mal eine Stunde.

Allzu kurz vor Sonnenuntergang sollte man dann aber auch nicht oben ankommen. Je tiefer das Zentralgestirn sinkt, desto länger werden die Schatten der das Isartal prägenden, parallelen Baumreihen. Und es gibt wenige Plätze, an denen sich dieses Spektakel besser beobachten ließe. Wer auf Nummer sicher gehen möchte, nimmt für den Abstieg für alle eine Stirnlampe mit.

17 Almen-Paradies mit Panoramablick

AUF DAS BRAUNECK, DEN LENGGRIESER HAUSBERG

Atemberaubende Aussichten, eine große Almenvielfalt, zahlreiche Tiere und am Ende der Tour jede Menge Freizeitattraktionen erwarten uns bei der Bergtour auf das Brauneck, den Hausberg der Lenggrieser.

Dabei lässt sich das Brauneck auch schon von den Kleinsten ganz einfach mithilfe der Brauneck-Gondelbahn erwandern. Dafür spart man sich 850 Höhenmeter Auf- und Abstieg und schwebt gemütlich in den silbernen Gondeln nach oben.

Auf 1556 Metern angekommen, bietet das Brauneck gleich mehrere Themenwege. Familien, die mit Kinderwagen unterwegs sind, fahren auf dem Panoramaweg fast eben bis zur Tölzer Hütte. Wir hingegen wollen etwas

 leicht   4 km   2,5 Std.   300 m

Tourencharakter Einfache Wanderung überwiegend auf breiten Almwegen und einigen schmaleren Wanderwegen. Das Wegstück ab der Tölzer Hütte lässt sich umgehen. **Altersempfehlung** Ab 4 Jahren **Ausgangs-/Endpunkt** Talstation Brauneck Bergbahn bei Lenggries **GPS-Daten** 47°40'35.0"N 11°33'20.0"E **Anfahrt Auto:** Über die A 95 bis Ausfahrt Penzberg/Iffeldorf, weiter Richtung Bad Tölz, dann nach Süden bis Lenggries. **Bahn/Bus:** Mit der Bahn bis Lenggries, kurzer Fußweg **Preise** Familienkarte Berg- und Talfahrt 45 €, einfache Fahrt 27 € **Einkehr** Auf dem Brauneck gibt es sehr viele Einkehrmöglichkeiten, besonders toll für Familien ist die Stiealm (Mo Ruhetag). **Karte** Kompass 1:50 000, Nr. 182 Isarwinkel **Information** Tourist-Info Lenggries, Rathausplatz 2, 83646 Lenggries, Tel. 08042/500 88 00, www.lenggries.de oder www.brauneck-bergbahn.de

Zum Steinbock über der Stiealm dürfen wir hinaufkraxeln.

mehr wandern und kombinieren einige der schönsten Themenwege. So wenden wir uns hinter dem Panoramarestaurant nach rechts. Nach wenigen Höhenmetern erreichen wir das Brauneckgipfelhaus und den Brauneckgipfel mit seinem Gipfelkreuz. Die erste Schaurast ist ausgesprochen schön. Ein fantastischer Blick hinüber nach Osten lässt uns über die vielen Alpengipfel sinnieren, im Norden liegen uns die Seen und das Münchner Voralpengebiet zu Füßen. Jetzt machen wir uns auf den Höhenweg, der uns Eltern weiterhin schöne Ausblicke beschert. Aber auch für die Kinder gibt es am Startplatz der Gleitschirmflieger viel zu sehen. Bald wird der Weg schmaler und führt auf einem Steig links um den Schrödelstein herum. Kleinere Kinder gehören hier an die Hand.

Für fleißige Wanderkids

Rund um die Talstation der Brauneckbahn gibt es noch viel mehr Freizeitspaß zu erleben. Besichtigt doch den Falkenhof mit seiner Greifvogelflugshow oder wagt euch auf eine wilde Fahrt mit einem Bullcart. Das sind Dreiräder, mit denen ihr die sommerliche Skipiste hinuntersausen könnt.
www.vogeljakob.de, www.bullcarts.de

Nach dem Schrödelstein teilt sich unser Weg. Wir wählen den linken und steigen zur größeren Almstraße hinunter, der wir nach rechts folgen. Jetzt sind wir auf dem Almen-Rundweg. Nach wenigen Minuten erreichen wir die große Tölzer Hütte. Hier beginnt die Hüttengaudi, denn wir werden die Qual der Wahl haben, wo wir einkehren möchten. Ab der Tölzer Hütte bleiben wir noch ein kurzes Stück auf der Almstraße und biegen dann nach rechts auf den kleinen Wanderweg 4a, der zur Stiealm beschildert ist. Dieser Bergpfad führt nach einem kleinen Waldstück um einen kleinen Wiesenkessel.

Fest am Berg

Anfang August findet jedes Jahr das »Fest am Berg« statt. Auf allen Hütten und Almen wird Musik gespielt, es gibt jede Menge Schmankerl und tolle Mitmachspiele für Kinder.

Der schmale Pfad steigt kurz darauf noch einmal an und kurz vor der Alm passieren wir den grauen Granit-Steinbock, der auf einem Felsen über der Stiealm thront. Natürlich lohnt sich der minimale Aufstieg dorthin. Eine erste Kraxelei für die Kids, aber Achtung, auf der anderen Seite fällt der Fels steil ab!

Die Stiealm ist ein idealer Rastplatz für Familien mit Kindern. Auch dort gibt es einen herrlichen Kraxelfelsen mitten auf der Sonnenterrasse. Außerdem freuen wir uns über einen Barfußpfad, einen Spielplatz, einen Almkräutergarten und natürlich die hauseigene Almkäserei, die jedoch nur von Gruppen ab acht Personen nach Voranmeldung besichtigt werden kann. Jeden zweiten Tag wird hier im Sommer leckerer Bergkäse produziert. Die Kühe, die die Milch dazu liefern, grasen auf den umliegenden Almwiesen. Der Käse und andere Milchprodukte landen schließlich auf den Tellern der Stiealm. Dabei ist die Küche der Stiealm sehr zu empfehlen. Im Sommer dominieren leckere Kräuterspezialitäten wie Kräuterknödel mit Rahmsoße oder Frischkäse mit Bärlauchpesto die Speisekarte.

Almen-Paradies mit Panoramablick

Nicht nur Kinder freuen sich über eine Minz-Limonade oder Heumilch-Pannacotta mit Löwenzahnsirup.
Nach der Rast wandern wir über die breite Almstraße steil bergab und treffen an einer Spitzkehre auf die Strasseralm. Jetzt geht es nach links etwas hinauf zur Quengeralm mit ihrem kleinen Spielplatz. Dort biegt rechts von der Fahrstraße ein kleiner schmaler Bergweg ab. Diesem folgen wir bergauf, bis wir wieder auf die Fahrstraße stoßen. Nun sind es nur noch wenige Minuten nach rechts und wir haben die Bergstation der Brauneckbahn erreicht.

An der Stiealm gibt es sehr viel zu sehen und zu erleben, wie den Barfußpfad!

BASTELN

Schnitzen

Nicht nur Jungs können bei Pausen stundenlang, gedankenversunken Schnitzen. Ab etwa acht Jahren ist die Motorik von Kindern so weit entwickelt, dass sie mit etwas Anleitung mit Schnitzmessern umgehen können. Dann sind die Kids auch alt genug, wichtige Regeln einzuhalten und sich länger zu konzentrieren. Grundsätzlich darf man Kinder beim Schnitzen niemals unbeaufsichtigt lassen.

Für kleinere Kinder gibt es auch Schnitzmesser, die ab etwa vier Jahren geeignet sind. In diesem Alter macht das Stockanspitzen oder Rindeabmachen bereits großen Spaß. Kindgerechte Schnitzmesser haben eine leicht abgerundete Spitze und Kinder-Taschenmesser eine Arretierung als Einklappschutz. Empfehlenswerte Hersteller von Schnitzmessern für Kinder sind u. a. Herbertz, Linder, Opinel oder Victorinox und Wenger. Keine schlechte Idee sind auch Schnitz-Sets und Schnitzhandschuhe.

Folgende Regeln helfen Schnitzunfälle zu vermeiden: Kinder benötigen einen ungestörten, bequemen Platz, etwa einen trockenen Baumstumpf, um sicher schnitzen zu können. Es wird grundsätzlich

vom Körper weggeschnitzt. Die Klinge wird erst geöffnet, wenn man am Schnitzplatz sitzt.

Niemand darf »angeschnitzt« werden. Das gelingt, indem man immer zwei Armlängen Abstand zum Nachbarn hält. So kann beim versehentlichen Abrutschen des Schnitzmessers niemand verletzt werden. Die Kinder sollten auch das Umfeld im Blick behalten. Das gelingt mit dem sogenannten Eulenblick. Dabei richtet man den Blick nicht nur auf das eigene Schnitzwerk, das man in der Hand hält, sondern schärft seine Sinne zur Wahrnehmung der Umgebung.

Und nach dem Schnitzen muss das Kindertaschenmesser wieder geschlossen werden. Ganz wichtig: Niemals mit einem offenen Schnitzmesser herumlaufen!

Zum Schnitzen bieten sich generell kurzfaserige Holzsorten an. Die Rinde muss sich also leicht lösen können. Dabei gilt, je frischer das Holz geschnitten wurde, desto leichter lässt es sich verarbeiten. Bewährte Hölzer sind Linde, Pappel, Birke und Eiche sowie verschiedene Obsthölzer. Auf Bergtouren wird man geeignetes Holz wie Haselbüsche oder Grünerlen am ehesten entlang von Bergbächen finden.

Während ältere Kinder auf der Tour bereits anspruchsvollere Ideen, wie zum Beispiel ein Buttermesser, schnitzen können, ist es für Jüngere eine gute Idee, einfach ein schönes Muster in die Rinde eines Stockes zu schnitzen, der dann gleich als verzierter Wanderstock verwendet werden kann.

Kleiner Berg mit großer Aussicht

AUF DIE HOCHALM

Ein abwechslungsreicher, nicht allzu steiler Anstieg und nirgendwo Absturzgelände. Die breite Gipfelkuppe der Hochalm ist ein Familien-Wanderziel, wie man es sich besser nicht vorstellen kann. Zudem liegen nette Gumpen auf dem Weg, die nicht nur für Kids tolle Zusatz-Schmankerl darstellen.

Vom Parkplatz aus folgt man in östlicher Richtung einer vergleichsweise schmalen Forststraße, die zunächst nur langsam an Höhe gewinnt. Nach einigen Hundert Metern wird ein hübscher Bach gequert. Die Kinder werden hier vielleicht schon eine Wasser-Spiel-Pause einfordern. Ein gutes Argument ist: Nasse Schuhe führen zu Blasen. Ein noch besseres lautet: Wenn keiner trödelt, werden die spannenden Gumpen auf dem Rückweg ganz genau

| leicht | 8 km | 4 Std. | 650 m |

Tourencharakter Technisch unschwierige Bergwanderung in zumeist sehr angenehmer Steigung. Gumpen, Bergmischwald und Almflächen ergeben eine sehr abwechslungsreiche Tour. **Altersempfehlung** Ab 6 Jahren **Ausgangs-/Endpunkt** Wanderparkplatz östlich des Sylvensteinspeichers **GPS-Daten** 47°34'59.3"N 11°35'49.1"E **Anfahrt** Über die A 8 nach Holzkirchen und weiter über Bad Tölz und Lenggries zum Sylvensteinspeicher; an der Staumauer links Richtung Achensee; ca. 200 m nach dem Ende des Sylvensteinspeichersees an der linken Straßenseite an unübersehbarem Wanderparkplatz parken **Einkehr** Unterwegs keine, auf dem Rückweg ist das Hirschbachstüberl in Lenggries sehr zu empfehlen **Karte** Alpenvereinskarte 1:25 000, BY 13 Mangfallgebirge West **Information** Tourist-Info Lenggries, Rathausplatz 2, 83646 Lenggries, Tel. 08042/500 88 00, www.lenggries.de

Auch »Kraxen-Bergsteiger« sollten zwischendurch immer wieder aus eigener Muskelkraft aufsteigen.

erkundet. Dazu später mehr. Nach der Bachüberquerung wird der Weg zum Bergpfad und steigt nun ein kurzes Stück lang steiler empor. Dann führt der wieder etwas breitere Weg parallel, oberhalb eines Grabens, nach Norden weiter. Ohne jegliche Orientierungsprobleme geht es in derselben Richtung durch lichten Bergmischwald deutlich flacher weiter. Dieser Abschnitt ist natürlich im Herbst besonders schön, wenn sich das Laub der alten Bäume in den schönsten Farben präsentiert. Der Weg wird wieder etwas steiler, das Gelände freier und man sieht etwas oberhalb die unbewirtete Höllei-Alm liegen, die man rechts liegen lässt. Bei einer Gabelung hält man sich links und überquert kurz danach wieder einen Bach, hinter dem es kurz steiler bergan geht. Nach einem Absatz folgt eine flache Hangquerung in lichtem Bergwaldgelände, bevor der nach wie vor deutliche Weg zu den freien Wiesen der Mitterhütte hinaufführt. Hier

Sonnentour

Wegen der südseitigen Lage ist die Hochalm bis in den Spätherbst hinein oft gut machbar. Dann darf man aber nicht zu spät aufbrechen.

Zu Beginn bzw. am Ende der Tour lohnt sich der Abstecher zu einem kleinen, aber tollen Wildbach.

Kleiner Berg mit großer Aussicht

stößt von Osten der von Stuben her kommende Weg hinzu. Wir halten uns nach links, steigen einen bewaldeten Bergrücken hinauf und kommen an einer forstlichen Diensthütte vorbei. Bald darauf treten wir ein letztes Mal aus dem Wald heraus und erreichen das Wiesengelände der Hochalm, von der nur noch Ruinenreste zu sehen sind. Wir queren einen Wiesenrücken und sehen dann das große Gipfelkreuz bereits vor uns.

Die breite Wiesenkuppe ist von der Form her so ungefähr das genaue Gegenteil eines Matterhorns – und dennoch kommen echte Gipfelgefühle auf. Schließlich hat die Hochalm tolle Ausblicke unter anderem auf Roßstein, Guffert, Blauberge, Rofan, Karwendel und Wetterstein zu bieten. Und bei guter Fernsicht ist ganz im Südosten sogar der Großglockner zu erkennen.

Wenn man Glück hat, kann man im Herbst ein ganz besonders beeindruckendes Naturerlebnis mitnehmen: Während der typische Talnebel von Norden her an der Hochalm leckt und den Blick ins Isartal verwehrt, stört meistens kein einziger Kondensationstropfen den weiterhin sonnigen Abstieg nach Süden, der auf gleichem Weg erfolgt.

Wie anfangs erwähnt, lohnt es sich vor allem im Sommer, auf dem Rückweg einen Abstecher entlang des ersten Baches zu unternehmen. An dessen von unten gesehen linker Seite führt ein schmaler Pfad entlang, über den man die weiter hinten tief eingeschnittene Schlucht erkunden kann. Wer bis zum am Ende herabstürzenden Wasserfall möchte, muss allerdings mindestens acht Jahre sein, da eine kleine Klettereinlage zu absolvieren ist. Aber auch ohne den Wasserfall ist die feuchte Mini-Expedition sehr zu empfehlen – vor allem, wenn an heißen Hochsommertagen die Gumpen eine sehr schöne Erfrischungsmöglichkeit bieten.

19 Gipfelerlebnis mit Klettereinlage

ÜBER DIE SONNBERGALM AUF DEN ROSSSTEIN

Das Gipfelduo Roß- und Buchstein ist ein echter Münchner Hausberge-Klassiker. Zwei mit Stahlseilen gesicherte Felspassagen machen den Anstieg gerade für trittsichere Kinder ab acht Jahren sehr interessant, die nach der Tour auf ihren ersten Mini-Klettersteig stolz sein können.

Am Wanderparkplatz macht ein Wegweiser auf den Beginn der Tour aufmerksam, bei dem es gleich zur Sache geht. Von Anfang an geht es in ideal angelegten kleinen Serpentinen durch den schönen, aber recht steilen Bergmischwald zügig bergan. Deswegen sollten Kinder keinen schweren Rucksack tragen. Am besten ist es, wie bei Kindertouren allgemein, wenn die Eltern sich als Packesel für Regenzeug und Proviant zur Verfügung stellen.

schwer   6 km   5 Std.   850 m

Tourencharakter Abwechslungsreiche Bergtour, die beim Gipfelanstieg leicht ausgesetzte, aber mit Stahlseilen gesicherte Passagen aufweist **Altersempfehlung** Ab 8 Jahren **Ausgangs-/Endpunkt** Wanderparkplatz nach dem Gasthaus Bayerwald bzw. Bushaltestelle Tegernseer Hütte **GPS-Daten** 47°37'02.1"N 11°41'04.9"E **Anfahrt Auto:** Über Holzkirchen zum Tegernsee und weiter Richtung Achenpass; wenige Hundert Meter nach dem Gasthaus Bayerwald befindet sich der Wanderparkplatz an der rechten Seite.
Bahn/Bus: Mit dem Zug nach Tegernsee und mit Bus 9550 zur Haltestelle Tegernseer Hütte
Einkehr Sonnbergalm, in der Almsaison bewirtet; Tegernseer Hütte von Mitte Mai bis Ende Oktober geöffnet
Karte Alpenvereinskarte 1:25 000, BY 14 Mangfallgebirge Süd **Information** Tegernseer Tal Tourismus, Tel. 08022/927 38-0, www.tegernsee.com

Gipfelerlebnis mit Klettereinlage

Zu Beginn führt der Anstieg durch schönen lichten Bergmischwald.

Nachdem man einen kleinen Bach gequert hat, führt der immer deutliche Steig an der unteren Sonnbergalm vorbei. Nach der Querung wendet sich der Weg vor einem Bachbett (hier kann man meist seine Trinkflaschen nachfüllen) wieder nach rechts bergan. In ab jetzt recht angenehmer Steigung geht es weiter Richtung Norden hinauf, bis sich der Weg nach rechts wendet. Nach einer flachen Hangquerung und einem kurz noch einmal steileren Anstieg erreicht man die wunderschön gelegene Sonnbergalm, von wo aus man die Gipfelbrüder Roßstein und Buchstein zum ersten Mal eindrucksvoll zu Gesicht bekommt. Auch wenn man wohl nicht gleich beim Anstieg auf der urigen

Jüngere Kletterer

Man kann auch kleinere Kinder ab sechs Jahren mitnehmen, wenn man sie an den Stahlseilpassagen mit einem Kinderklettergurt sichert.

Für den Anstieg zum Roßstein müssen die Kinder trittsicher und schwindelfrei sein.

Alm einkehren wird, bietet sich der oberhalb der Alm gelegene einladende Wiesenrücken für eine kurze, aussichtsreiche Pause an.

Danach folgt man dem Wegweiser Richtung Tegernseer Hütte nach Nordwesten und quert somit eine Talmulde um den zwischen Roßstein und Sonnberg gelegenen Sattel zu erreichen. Es geht an einem markanten Felsblock vorbei und in ein lichtes Waldstück. Hier zweigt nach rechts der beschilderte Anstieg zum Roßstein und zur Tegernseer Hütte

Gipfelerlebnis mit Klettereinlage

Kids sind die Kühe der Sonnenalm natürlich wichtiger als die tolle Aussicht auf Roßstein (links) und Buchstein (rechts).

ab. Bald schon helfen erste Stahlseile über leichte Kletterstellen hinweg. Es geht den Steig weiter nach Nordosten (bei einer kleinen Felsrinne sollte man diese nicht direkt geradeaus ansteigen, sondern sie links auf dem markierten Steig umgehen) und ein weiteres Mal mithilfe von Stahlseilen bergan. Das Gelände wird wieder flacher und der Bergweg führt nun in einer schönen, flachen Querung auf die bereits gut sichtbare Tegernseer Hütte zu, die in dem Sattel zwischen Roß- und Buchstein liegt.

Noch bevor man die Hütte erreicht, zweigt der weiterhin gut beschilderte Gipfelanstieg zum Roßstein ab, der zunächst durch Latschengelände, dann rechts des Gipfelrückens zum höchsten Punkt hinaufführt, dem gerade einmal zwei Meter zur 1700-Meter-Marke fehlen, was stolze Kinder wie glückliche Berg-Eltern freilich verschmerzen werden.

Auf demselben Weg geht es zum Ausgangspunkt zurück. Mit Kindern empfiehlt es sich, dabei nicht auf der meist überfüllten, kleinen Terrasse der Tegernseer Hütte, sondern auf der Sonnbergalm einzukehren, da die umliegenden Almwiesen nach dem hochverdienten Erfrischungsgetränk ein schönes Spielgelände hergeben.

20 Steiler Fels über dem Weißachtal

AUF DEN LEONHARDSTEIN

Markant erhebt sich der Leonhardstein hinter dem Ort Kreuth im Weißachtal. Man kann sich kaum vorstellen, wie man auf diese spitze Felsnadel gelangen soll. Der Aufstieg ist nur etwas für geübte Bergsteiger, aber gerade darin liegt sein Reiz und die dazugehörige Kraxelpartie meistern Kinder oft spielend.

Wir starten an der Kirche St. Leonhard in Kreuth und wandern in westlicher Richtung auf einem anfangs asphaltierten Wanderweg über die Wiesen. Vor uns sehen wir bereits den markanten Felsen des Leonhardsteins. Bald schon verlieren wir ihn wieder aus den Augen, denn der Weg führt in einem schattigen Mischwald über Serpentinen bergauf. Der Leonhardstein ist an den

| schwer | 7,5 km | 3,5 Std. | 680 m |

Tourencharakter Bergtour auf anfangs gemütlichen, schattigen Waldwegen mit abschließender Kraxeleinlage auf einem Pfad zwischen Felsen zum Gipfel. Dieser Abschnitt setzt Trittsicherheit und etwas Schwindelfreiheit voraus. Nicht bei Nässe/Feuchtigkeit gehen! Der Rückweg erfolgt auf dem Hinweg. **Altersempfehlung** Ab 6 Jahren **Ausgangs-/Endpunkt** Kreuth, Kirche St. Leonhard **GPS-Daten** 47°38'41.7"N 11°44'31.9"E **Anfahrt Auto:** Salzburger Autobahn A 8 bis Ausfahrt Holzkirchen, weiter auf der B 318 zum Tegernsee, über Bad Wiessee und Rottach nach Kreuth ins Weißachtal, dort Parkplätze suchen, die Kirche St. Leonhard liegt direkt in der Ortsmitte. **Bahn/Bus:** Von München nach Gmund oder Tegernsee, weiter mit dem Bus bis nach Kreuth **Ausrüstung** Für kleinere Kinder eine Reepschnur als Sicherungsseil, Kletterausrüstung ist nicht notwendig. **Einkehr** Unterwegs keine, in Kreuth gibt es mehrere Gaststätten und Cafés. **Karte** Kompass 1:50 000, Nr. 8 Tegernsee **Information** Tourist-Info Kreuth, www.kreuth.de

Nicht nur im Herbst gibt es bei einer Wanderung viel zu entdecken.

Abzweigungen gut ausgeschildert. Beim Aufstieg queren wir einige Viehgatter und erreichen schließlich nach einer Almwiese die ersten großen Felsen. Hier beginnt der schwierige Wegabschnitt zum Gipfel. Wer sich den Aufstieg nicht zutraut, kann den Rundweg über die Schwarztenn-Alm in Erwägung ziehen. Von dort steigt man ins Weißachtal hinab und fährt mit dem Bus zurück.

Die abenteuerlustigen Bergsteiger zieht es jedoch links zum Leonhardstein hinauf. Gerade das Hinweisschild »Nur für geübte Bergsteiger« verleiht den manchmal wandermüden Jungalpinisten Flügel! Trotzdem sollten wir die Warnung ernst nehmen. Vor allem kleinere Kinder gehören hier an ein Sicherungsseil. Aber der Aufstieg zwischen und über Felsbrocken ist natürlich spannend und Kinder lieben Wege, bei denen sie ab und an die Hände benutzen müssen.

So ein Käse

Zwischen Kreuth und dem Tegernsee liegt die Naturkäserei Tegernseer Land. Hier kann man mehrmals pro Woche an einer öffentlichen Führung teilnehmen und dabei viel über die Käseproduktion erfahren. Von April bis Anfang November hat die Gaststube geöffnet, bei der es viele leckere Gerichte rund um Milch, Quark und Käse gibt.

Bei Kreuth geht es erst einmal über die Wiesen in Richtung Leonhardstein.

Nach wenigen Metern bereitet die Kraxelei auch den Erwachsenen Freude und nach gut 30 Minuten ragt steil über uns, vor der letzten Felsstufe, das Gipfelkreuz auf. Spätestens hier bremsen wir unsere vorauskraxelnden Kinder ab. Die letzten Schritte meistern wir besser gemeinsam, denn rund um das Gipfelkreuz ist wirklich wenig Platz. Obendrein fallen dort die Felswände senkrecht ins Tal ab. Kleinere und vor allem lebhafte Kinder gehören hier unbedingt an die Hand oder kurzerhand – vor allem während der Gipfelrast – mit dem Seil am Kreuz festgebunden. Dann können wir beruhigt die Brotzeit und vor allem die wunderbare Rundum-Aussicht genießen. Zurück nach Kreuth wandern wir auf dem Weg, auf dem wir gekommen sind.

Der Platz rund um das Gipfelkreuz ist wirklich winzig klein und fällt auf einer Seite senkrecht ab.
Für die entspannte Gipfelrast nehmen wir die Kids ans Seil!

Vorhang auf für die Bühne der Natur

AUF DEM WASSERERLEBNISWEG DURCH DIE WEISSACHAU

Zugegeben, diese Wanderung führt nicht hinauf auf einen Berg. Aber wir wandern wunderschön umrahmt von Bergen durch das Weißachtal bei Kreuth. Die ganze Familie wird diese kurzweilige Tour lieben: Vorhang auf für ein beeindruckendes Naturschauspiel.

Dabei eignet sich diese Wanderung für die ganze Großfamilie. Die Tour lässt sich sogar mit dem Kinderwagen befahren. Und eines ist garantiert: Auf diesem Weg kommt keine Langeweile auf! Alle werden ihn lieben. Selten, dass Kinder so flott alleine voneweglaufen, nur um noch mehr erkunden zu kön-

leicht   4,8 km   2,5 Std.   0 m

Tourencharakter Wanderung auf ebener Strecke, für Kinderwagen geeignet. Alternativ kann man auch aus der Ortsmitte von Kreuth starten. **Altersempfehlung** Ab 3 Jahren **Ausgangs-/Endpunkt** Weißach-Brücke in der Wallbergstraße bei Kreuth **GPS-Daten** 47°40'30.8"N 11°46'05.2"E **Anfahrt Auto:** Salzburger Autobahn A 8 bis Ausfahrt Holzkirchen, weiter auf der B 318 zum Tegernsee, über Bad Wiessee und Rottach in Richtung Kreuth; an der Naturschaukäserei links in die Wallbergstraße, Richtung Wallbergbahn; über die kleine Brücke der Weißach, dann entlang der Straße Parkplätze suchen. **Bahn/Bus:** Von München nach Gmund oder Tegernsee, weiter mit dem Bus bis Kreuth **Ausrüstung** Kleines Handtuch, Wechselkleidung, im Sommer Badesachen **Einkehr** Zur Hälfte der Strecke liegt direkt am Weg die Weißachalm; sehr empfehlenswert ist die nahe Tegernseer Schaukäserei, wo man ebenfalls hervorragend einkehren kann. **Karte** Kompass 1:50 000, Nr. 8 Tegernsee **Information** Tourist-Info Kreuth, www.kreuth.de

Neben all den Erlebnisstationen bietet sich die Weißach natürlich zum Steinwerfen, Planschen oder Staudämmebauen an.

nen. Auch wenn wir im Informationskasten die reine Wanderzeit mit zweieinhalb Stunden angegeben haben, rechnet man besser mit einem halben Tag! Im Sommer bei Badewetter planen wir lieber gleich den ganzen Tag ein. Denn besser geht es einfach kaum!

Wir starten von der Brücke über die Weißach in der Wallbergstraße. Gerade im Sommer lohnt es sich – flussaufwärts gesehen – am rechten Flussufer zu starten. Dann liegen die Wasserspielplätze, an denen wir erfahrungsgemäß am längsten brauchen, am Ende der Tour. So folgen wir dem Wanderweg entlang der Weißach mit dem Fluss zu unserer linken Seite. Die ersten zehn Minuten des Weges sind ohne Stationen und führen zum Startpunkt an die Pförner

Wir müssen draußen bleiben!

Ein Hinweis für Familien mit Hund: Am westlichen Ufer der Weißach herrscht absolutes Hundeverbot. Es ist eine hundefreie Zone. Mit Hund darf man nur entlang der östlichen Seite wandern.

Brücke. Hier stoßen wir auf die erste Station und Kreuthi, das kleine Gams-Maskottchen, das uns begleiten wird. Mit ihm geht es nun auf den eigentlichen Wassererlebnisweg. Jetzt heißt es Vorhang auf für die Naturbühne in

der Weißachau. Wir wollen natürlich alle Stationen abklappern, studieren, ausprobieren, testen, entdecken, spielen, lernen und die Natur genießen. Zum Glück finden sich entlang des Weges immer wieder herrliche Rastplätze und bequeme Liegebänke, die vor allem für Eltern interessant sind. Kinder hingegen sind kaum von den Kiesbänken der Weißach wegzubringen.
Zum Glück gibt es jede Menge zu tun: Wie fühlt sich wohl ein Bär, der seinen Rücken an Bäumen kratzt? An den Massagestämmen können wir es testen.

Sogar große Ameisenhaufen lassen sich links und rechts des Weges begutachten.

Vorhang auf für die Bühne der Natur

Wir hören Vogelstimmen und ordnen Tierspuren zu. Es heißt: Kamera ab! – und wir entdecken die Fische im Fluss. Kurz bevor wir die erste Hälfte des Weges geschafft haben, gilt dann das Motto: Stars on Stage! – für unseren Auftritt auf der Flussbühne. Schließlich erreichen wir die Pointner Brücke, auf der wir den Fluss queren. Hier liegt auch die Weißachalm, unsere einzige Einkehrmöglichkeit entlang des Weges. Wer noch viel Energie hat, kann die Wanderung übrigens bis nach Kreuth zur Ortsmitte fortsetzen. Hier sollen in den nächsten Jahren noch weitere Stationen folgen. Für den Rückweg bleiben wir jetzt auf der Flussseite der Weißachalm. Natürlich geht es munter mit dem spielerischen Forscherdrang weiter. Wir entdecken Kreuthis Lieblingsplätze oder erschnuppern den Duft der Weißachauen. Wer will wissen, wie ein Alpenstrudelwurm aussieht? Oder lockt dann doch eher das große Klettergerüst zum Austoben? Fast am Ende der Tour sind wir dann am Wasserspielplatz. Hier lohnt sich noch einmal eine längere Pause. Dann erreichen wir wieder die Pförner Brücke, die wir bereits vom Hinweg kennen. Von dort ist es nicht einmal mehr einen Kilometer zurück bis zu unserem Ausgangspunkt in der Wallbergstraße. Wer Hunger hat, kann die nahe Tegernseer Schaukäserei besuchen.

Barfuß durch den Fluss

Wenn es länger nicht geregnet hat, dann ist die Weißach ein herrlich ruhiger Gebirgsbach, der nur stellenweise tiefer ist. Im Sommer lässt er sich gut barfuß durchwandern, nur die erfrischenden Temperaturen locken uns dann zwischendurch wieder ans Ufer!

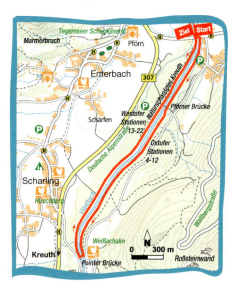

22 Bergauf gehen – bergab schweben

SUTTENSTEIN UND STÜMPFLING

Das Gebiet zwischen dem Tegernsee und dem Spitzingsee ist durch die Lifte der Stümpfling- und Suttenbahn gut erschlossen. Letztere wollen wir heute für den schnellen Abstieg nutzen und uns die Kraft für den Aufstieg zum kleinen, aber feinen Aussichtsfelsen Suttenstein sowie zum Stümpfling sparen.

Wir starten vom Parkplatz der Suttenbahn und wenden uns auf ihm talauswärts in Richtung Tegernsee. Am Ende des Parkplatzes beginnt ein Wander-

| mittel | 9 km | 3,5 Std. | 650 m |

Tourencharakter Bergtour auf meist breiten Wanderwegen. Nur der Aufstieg zum Suttenstein führt über einen schmalen Bergpfad, der nach Regen feucht und rutschig sein kann. Der Abstieg wird durch die Bergbahn verkürzt. Die umgekehrte Reihenfolge ist weniger zu empfehlen, denn das steile und rutschige Wegstück vom Suttenstein hinunter ist schwierig zu gehen. **Altersempfehlung** Ab 7 Jahren **Ausgangs-/Endpunkt** Parkplatz Hagelstube/Enterrottach **GPS-Daten** 47°40'28.4"N 11°48'55.1"E **Anfahrt** **Auto:** Von München über die A 8 bis Ausfahrt Holzkirchen und weiter nach Bad Tölz; von dort an den Tegernsee und entlang des Ostufers bis Rottach-Egern; hier in der Ortsmitte links der Beschilderung nach Enterrottach/Valepp folgen, bei Enterrottach beginnt die gebührenpflichtige Mautstraße, Parken am Parkplatz der Suttenbahn. **Bahn/Bus:** Von München mit der BOB an den Tegernsee, Endstation Tegernsee, weiter mit Bussen nach Enterrottach/Valepp bis Haltestelle Monialm **Preise** Talfahrt Erwachsene 7,50 €, Kinder bis 15 Jahre 5 €, Infos unter www.alpenbahnen-spitzingsee.de **Einkehr** Unterwegs gibt es die Lukasalm (Mi Ruhetag), an der Bergstation die Jagahütt'n. **Karte** Kompass 1:50 000, Nr. 8 Tegernsee **Information** Tegernseer Tal Tourismus, Tel. 08022/860 30, www.rottach-egern.de

Bergauf gehen – bergab schweben

Beim Aufstieg zum Stümpfling blicken wir über die obere und untere Firstalm am Spitzingsee.

weg, der parallel zur Mautstraße verläuft. Nach etwa 300 Metern biegen wir dann rechts auf den nun ansteigenden Wanderweg, der Richtung Lukasalm, Bodenschneid/Roßkopf bzw. zum Stümpfling beschildert ist. Der breite und schattige Weg führt bergauf. Neben uns plätschern Bäche und wir passieren viele private Almhütten. Bald unterqueren wir die Sessellifte der Suttenbahn und erreichen die hübsche Lukasalm. Die meisten von uns haben sie noch als Bäckeralm in Erinnerung, und so ist sie auch in fast allen Wanderkarten verzeichnet.

Ohne Lift

Wer zu Fuß absteigen möchte, biegt wenige Meter vor der Bergstation auf die breite Almstraße und steigt über die Skipiste hinab bis zur Oberen Suttenalm. Diesmal geht es in entgegengesetzter Richtung auf bekanntem Weg bis kurz vor die Lukasalm. Als Variante können wir über die Monialm oder den Berggasthof Hafner Alm ins Valepper Tal absteigen.

Kurz dahinter biegen wir links auf den nun steiler ansteigenden kleineren Wanderweg ein und erreichen auf ihm das Almgebiet der Unteren Suttenalm. Über unseren Köpfen schwebt wieder die Bahn, während wir die gleichnamige Almhütte passieren. Dahinter stoßen wir auf eine kleine geteerte Zubringerstraße, der wir bis zur Schranke folgen. Dann biegen wir links in die nächste Forststraße, die vorbildlich zum Stümpfling und Roßkopf beschildert ist. Mit schönster Aussicht nach Westen auf Blankenstein und Risserkogel und auf die Rückseite des Wallbergs wandern wir zum Waldrand und folgen der neu angelegten Straße noch eine Serpentine aufwärts. Mit dieser Straße wurde der direkte Zustieg vom Besitzer der Oberen Suttenalm, für ihn zum Vorteil gereichend, von seinem Grund und Boden weggelenkt. Im Wald trifft man dann wieder auf den ursprünglichen Wanderweg, der sich hier teilt. Rechts führt die schnellere und einfachere Variante direkt zur Bergstation der Suttenbahn. Wir wählen jedoch links den kleineren und weniger gepflegten Wanderweg, der nun zur Bodenschneid über Suttenstein ausgeschildert ist. Nach einer längeren Regenperiode kann dieser Aufstieg sehr rutschig sein, denn Lehm drückt überall durch den Erdboden. Ein wenig Vorsicht ist geboten. Schnell gewinnen wir an Höhe und treffen am Fuß des Suttensteins auf die hoch aufragende Felswand im Wald. Der Weg führt geschickt daran vorbei bergauf und über uns sehen wir schon eine Hang-

Variante für die Kleinsten

Im Valepper Tal gibt es eine herrliche kurze Rundwanderung einschließlich Almen-Hopping für Familien mit Kleinkindern. Auf der Drei-Almen-Tour erreicht man die Monialm, die Lukasalm und die Hafneralm. Alle sind hervorragend durch Spielplätze, Klettermöglichkeiten bzw. sogar einen Zoo (Hafneralm) auf Familien eingestellt. Benötigte Zeit ca. 1,5 Std.

Lecker ist so eine Einkehr in der Jagahütt'n nach geschafftem Aufstieg.

Bergauf gehen – bergab schweben

kante. Trotzdem überrascht uns der Anblick, wenn wir durch das Viehgatter auf die freien Almwiesen gelangen. Ganz unvermittelt sind wir nämlich jetzt im Spitzingseegebiet gelandet. Etwas tiefer von uns liegen die Untere und Obere Firstalm, dahinter ragt die Brecherspitze auf.

Nach links sind es nun nur noch wenige Schritte, bis wir auf dem Suttenstein stehen. Wie der Name schon sagt, handelt es sich nicht um einen Gipfel, sondern einen Felsen, der nach Westen abfällt. Gekrönt von einer Bank öffnet sich dort der Blick hinüber zu den felsigen Spitzen des Blankensteins, daneben liegen Risserkogel und Wallberg.

Um zur Bergstation der Suttensteinbahn zu gelangen, gehen wir zunächst bis zu der Stelle zurück, wo wir aus dem Wald heraufgestiegen sind. Diesmal bleiben wir auf dem Weg geradeaus und wandern mit bester Sicht über die Wiesen ein letztes kurzes Stück bergauf. An einem Wiesenbuckel, auf den im Winter ein Schlepplift heraufführt, erreichen wir den höchsten Punkt dieser Tour und stehen auf am Gipfel des eher unscheinbareren Stümpflings. Es geht wieder leicht bergab und wir kommen zur Jagahütt'n an der Bergstation der Stümpflingbahn. Zur großen Freude der Kinder gibt es einen Spielplatz und ein Klettergerüst. Wer Lust hat, kann hier auch gut einkehren und sich mit bayerischer Küche verwöhnen lassen. Dann kaufen wir uns ein Ticket und schweben ganz komfortabel mit der Nachmittagssonne im Gesicht wieder ins Tal.

23 Wasserfälle und historische Bahntrasse

IM JOSEFSTAL

Die Josefstaler Wasserfälle liegen am Südende von Neuhaus versteckt im Wald. Ein herrlicher Wanderweg führt in Richtung Spitzingsattel bis zur Stockeralm, sodass wir in Bergstimmung kommen, bevor wir über die ehemalige Trasse der historischen Bockerlbahn zurückschlendern.

Wir wandern vom Bahnhof zur großen Bundesstraße B 307 an der Bahnschranke. Hier wenden wir uns nach rechts und biegen 350 Meter später rechts in die Josefstalerstraße ein. Nun geht es gut 30 Minuten durch Neuhaus bis zum Ortsteil Josefstal, der am Fuße der Spitzingseeberge liegt. Fast am Ende der Josefstalerstraße stoßen wir auf den Hachelbach, dem wir nun

leicht   7 km   2,5 Std.   250 m

Tourencharakter Sehr einfache Wanderung, anfangs völlig eben ins Josefstal, erst später kurze Steigung bis zur Stockeralm, dann erneut fast ebener Rückweg   **Altersempfehlung** Ab 5 Jahren   **Ausgangs-/Endpunkt** Bahnhof Fischhausen/Neuhaus am Schliersee   **GPS-Daten** 47°42'20.9"N 11°52'29.3"E   **Anfahrt Auto:** Salzburger Autobahn A 8, Ausfahrt Miesbach, über Miesbach Weiterfahrt zum Schliersee. Dort um den See nach Neuhaus. Der Bahnhof liegt rechts der Straße im Ortsteil Fischhausen. Gebührenpflichtige Parkplätze vorhanden. **Bahn:** Von München stündlich mit der BOB über Holzkirchen an den Schliersee   **Ausrüstung** Kleines Handtuch oder Wechselkleidung, es gibt Wasserspielmöglichkeiten.   **Einkehr** Unterwegs keine, erst am Schluss mehrere Einkehrmöglichkeiten in Neuhaus am Schliersee   **Karte** Kompass 1:50 000, Nr. 8, Tegernsee Schliersee   **Information** Tourist-Info Schliersee, www.schliersee.de

Wasserfälle und historische Bahntrasse

Wer noch Zeit hat, sollte am Ende der Wanderung unbedingt noch das Markus Wasmeier Museum besuchen.

folgen. Hierzu biegen wir, unmittelbar bevor die Joseftalerstraße zum Laubriesweg wird, links über eine Brücke. Dann folgen wir nicht dem breiten Weg, der Alten Spitzingseestraße, aufwärts, sondern halten uns rechts und folgen nun dem Schild Richtung Josefstaler Wasserfälle. Gleich darauf sind wir im Wald und wandern entlang des Baches. Dann stehen wir am unteren Ende der Josefstaler Wasserfälle. Geradezu magisch zieht uns das Wasser aufwärts, und so folgen wir dem mitunter leicht felsigen Pfad, der nun zur Stockeralm ausgeschildert ist. Rasch gewinnen wir an Höhe und verlassen nach dem obersten Wasserfall den Wald auf die Wiesen der

Naturgewalten

Wollt ihr wissen, was die Bockerlbahn einmal war? Dann lest die vielen Informationstafeln oder lasst sie euch vorlesen. So erfahrt ihr auch viel Interessantes über den verheerenden Fönsturm im Jahre 1919!

Eine Reise in die Vergangenheit

Falls noch Zeit und Lust vorhanden sind, lohnt sich ein Besuch im tollen Markus Wasmeier Freilichtmuseum. Der Eingang befindet sich unweit des Startplatzes.

Stockeralm. Hier fließt der Bach ganz friedlich – ein perfekter Platz, um zu spielen und zu rasten.

Nach der Pause steigen wir weiter aufwärts bis zur privaten Stockeralm. Direkt vor der Alm stoßen wir auf den quer verlaufenden Wanderweg Bockerlbahn, dem wir nach rechts folgen. Mit wunderschönen Ausblicken zum Schliersberg und Breitenstein wandern wir zunächst fast eben auf der Trasse der historischen Bahnstrecke. Bald steigen wir leicht ab, bis wir fast wieder an unserer Rastwiese stehen. Jetzt halten wir uns links und folgen weiter der Bahntrasse, bald wieder in den Wald. Schließlich stoßen wir auf das Sackgassenende der von rechts zu uns führenden Grünseestraße. In diese biegen wir ein, queren die Krettenburgstraße und wenden uns dann links in die Waldschmidtstraße. An deren Ende treffen wir auf den Bahnhof von Neuhaus/Fischhausen.

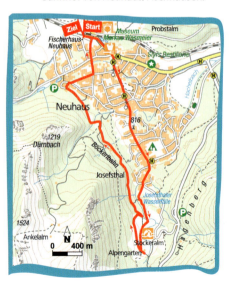

Oft sind es die kleinen Dinge am Wegrand, die so wunderschön sind.

Breit fällt der obere Wasserfall hinab.

24 Drei einfache Wege zum Spiel- und Einkehrklassiker

AUF DIE SCHLIERSBERGALM

Wandern ohne Nörgeln ist auf der Schliersbergalm selbstverständlich. Selbst kleinere Kinder schaffen den Weg hierherauf spielend. Oben angekommen warten dann viele Zuckerl, wie die Sommerrodelbahn oder die tollen Spielmöglichkeiten samt einer Einkehrmöglichkeit auf uns.

Dabei führen natürlich mehrere Wege zum Familien-Wanderglück. Falls es einmal ganz schnell gehen muss oder man mit sehr kleinen Kindern unterwegs ist, gibt es bequemerweise die Auffahrtshilfe der Schliersbergalm-Seilbahn, mit der wir die 300 Höhenmeter spielerisch bewältigen.
Wer etwas aktiver sein möchte, wählt den schnellsten Aufstiegsweg, der von

leicht   6,5 km   1,5 Std.   380 m

Tourencharakter Drei Wandermöglichkeiten gibt es. Die Angaben beziehen sich auf die hier beschriebene letzte Tour. Keine technischen Schwierigkeiten, nur der erste Anstieg ist relativ steil. Abfahrt mit der Sommerrodelbahn. Kinder unter 8 Jahren dürfen nur in Begleitung eines Erwachsenen rodeln. **Altersempfehlung** Ab 4 Jahren **Ausgangs-/Endpunkt** Bahnhof Schliersee **GPS-Daten** 47°44'07.9"N 11°51'35.0"E **Anfahrt Auto:** Über die A 8 bis Ausfahrt Weyarn, weiter über Miesbach zum Schliersee, Parken an der Bahn oder am Bahnhof. **Bahn/Bus:** Mit der BOB-Bahn bis Bahnhof Schliersee, 10 Min. Fußweg zur Talstation **Preise** Einzelfahrt Lift oder Sommerrodelbahn Erwachsene 5 €, Kinder 2–7 Jahre 3 €, Jugendliche 8–14 Jahre 4 €, im Kombipaket günstiger; Schwimmbad 3 €, Trampolin 1 €, Alpenroller 2 € **Einkehr** Schliersbergalm **Karte** Kompass 1:50 000, Nr. 8 Tegernsee **Information** Markt Schliersee, Tel. 08026/60 09-0, www.schliersee.de

Gemeinsam mit anderen Kindern unterwegs läuft es sich viel entspannter!

der Talstation über den Dekan-Maier-Weg und dann über die breite Almstraße in vielen Kehren nach oben führt. Dafür brauchen wir höchstens eine gute Stunde. Dieser Weg ist sehr sonnig, aber schon wegen der tollen Aussicht jeden einzelnen Schritt wert.

Etwas länger, aber genauso schön ist die Wanderung, die am Bahnhof von Schliersee startet. Mit dem See im Rücken gehen wir die wenigen Meter in der Werner-Bochmann-Straße hinauf bis zur großen Ortsdurchgangsstraße, der Miesbacher Straße. Diese überqueren wir geradeaus und biegen an dem kleinen Platz links in die Karl-Haider-Straße ein. Nach nur 200 Metern weist uns ein Schild rechts in die Rißeckstraße. Die kleine Teerstraße steigt jetzt steil an, aber der herrliche Blick über den See und auf Schliersee entschädigt für alles. Am Unterrißhof wendet sich der Weg nach rechts, führt am Oberrißhof vor-

Badefreuden

Im Sommer kann man paradiesisch schön im Schliersee baden. Für einen Bergsee erwärmt er sich erstaunlich schnell. Es gibt viele freie Zugänge zum Wasser. Das Strandbad von Schliersee weist dann noch einige Highlights wie ein Wassertrampolin oder einen Spielplatz für Kinder auf.

bei und erreicht schließlich den Wald. Nun ist es zum Glück schattiger, auch wenn der Weg immer noch ansteigt. Wir folgen stur der Beschilderung »Bruckweg –Schliersberg W7« und wandern jetzt auf einem wurzeligen Bergpfad dahin. Bald wird es flacher, die ersten Ausblicke öffnen sich zwischen den Bäumen, und nun sehen wir nach Norden über das ganze Voralpenland bis nach München.

Schließlich stoßen wir auf eine breitere Forststraße, der wir nach rechts folgen. Viele Forstwege und ein breites Wandernetz durchziehen den Schliersberg, die Schliersbergalm ist jedoch gut ausgeschildert. So erreichen wir die Alm mehr oder weniger durch das Hintertürl, d. h. wir steigen von oben zu ihr hinunter.

Jetzt nichts wie rein ins Getümmel auf die große Sonnenterrasse. Neben dieser finden wir einen großen, frei zugänglichen Waldspielplatz und gegen Gebühr Trampolins oder den Alpenroller. An schönen Tagen könnte man hier sogar in einem Panoramapool baden, aber das behalten wir uns lieber am Ende der Tour für den Schliersee mit seinen tollen Badeplätzen vor.

Für den Rückweg gibt es nun zwei Varianten. Den Kindern zuliebe sollten wir die Sommerrodelbahn benutzen, die uns schnell und mit großem Vergnügen ins Tal flitzen lässt. Aber Vorsicht, die Bahn hat es ganz schön in sich – die Roller sind nicht fest verankert. Bei feuchter Witterung müssen wir zu Fuß absteigen. Dafür wählen wir dann den Abstiegsweg über die breiten Serpentinen, der uns mit bester Aussicht auf den Schliersee zur Talstation und die Berge führt.

Wenn wir dort weiter dem Straßenverlauf abwärts folgen, sind wir schnell wieder an der Miesbacher Straße, der Hauptstraße. Diese müssen wir ein Stück nach rechts überqueren und schon sind wir an unserem Ausgangspunkt, dem Bahnhof, zurück.

Und nach dem Aufstieg schmeckt es gleich dreimal so gut!

Barfuß-Bergwandern wie an der Kranzhorn Alm macht am meisten Spaß.

Inntal und Mangfallgebirge

25 Sonnenverwöhnter Anstieg über schönes Almgelände

VON HOCHKREUT AUF DEN WENDELSTEIN

Aufgrund der Seilbahn ist der markante Wendelstein ein sehr beliebtes Ausflugsziel. Seine abwechslungsreiche Besteigung lohnt sich für Familien dennoch. Vor allem wenn sie von Süden über die schönen Wendelsteiner Almen erfolgt.

| mittel | 8 km | 5 Std. | 850 m |

Tourencharakter Abwechslungsreiche Bergtour auf schönen Bergwegen. Das letzte Stück ab der Bergstation der Seilbahn ist stark frequentiert. **Altersempfehlung** Ab 8 Jahren **Ausgangs-/Endpunkt** Siglhof/Hochkreut **GPS-Daten** 47°41'04.6"N 12°00'21.5"E **Anfahrt** Über Schliersee Richtung Bayrischzell; ca. 2 km zuvor links nach Osterhofen abzweigen und dort der Beschilderung Richtung Hochkreut zum Siglhof folgen, den man über eine schmale, steile Teerstraße erreicht; Bescheid sagen, dass man nach der Tour sicher dort einkehrt! **Einkehr** Bergcafé Siglhof, Mo Ruhetag; unterwegs Wendelsteinalm (während der Almsaison) sowie Restaurant an der Bergstation **Karte** Alpenvereinskarte 1:25 000, BY 16 Mangfallgebirge Ost **Information** Tourist-Info Bayrischzell, Tel. 08023/648, www.bayrischzell.de

Um Kindern wie Eltern einen längeren Teerstraßen-Zustieg zu ersparen, startet man die Tour am besten an der Hochkreut am Siglhof, wobei man aber nach der Tour dort auch einkehren muss, wenn man die dortigen Parkplätze benutzt. Also am besten gleich zu Beginn der Tour im Gasthof Bescheid sagen.

Hinter dem Hof folgt man zunächst ein längeres Stück einer Almstraße, die mal durch Waldstücke, mal durch freies Almgelände verläuft. Dort wo diese endet, schließt ein schöner Bergweg an, der nach links einen Wiesenhang hinaufführt und dann ein weiteres Waldstück nach rechts quert, um in zwei Serpentinen zu den zwei Hütten auf der Sigl-Alm zu führen. Kurz unterhalb der oberen Hütte (eine Selbstversorgerhütte des DAV) wendet sich der Weg nach

Der südseitige Anstieg ist vor allem im späten Frühjahr und Herbst zu empfehlen.

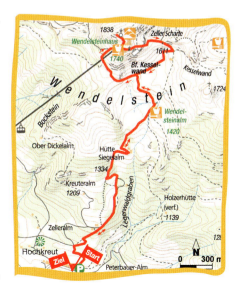

Norden, folgt ein Stück der Skipiste und durchquert leicht rechts ein Waldstück, um auch gleich schon die urigen Gebäude der Wendelsteiner Almen zu erreichen, wo sich ein schöner Blick auf den mächtigen Gipfel öffnet.

Hinter der Alm führt der Weg über Wiesen kurz etwas steiler bergan und wendet sich bei einer Baumgruppe nach links. Ohne Orientierungsprobleme quert man nun in angenehmer Steigung unterhalb des Gipfelmassivs nach Westen, bzw. Nordwesten. Kurz nachdem man die Seilbahn unterquert hat, wendet man sich an einer Gabe-

Auf dem Anstieg kommt man an der (unbewirteten) Siglhütte vorbei.

lung scharf nach rechts und folgt den nun steileren Serpentinen teilweise auf Geröll zur Bergstation der Wendelsteinbahn.

Von der Terrasse an der Bergstation führt ein gut ausgebauter, mit Geländern abgesicherter Gipfelanstieg in flachen Serpentinen zum höchsten Punkt hinauf. Der 1838 Meter hohe Gipfel ist allerdings durch eine Sternwarte und Sendeanlagen ziemlich überbaut, was der großartigen Aussicht auf das Alpenvorland, aber auch bis zum Alpenhauptkamm freilich keinen Abbruch tut. Darüber hinaus können sich an Naturinfos interessierte Familien an den Schautafeln des GEO-Parks über die Entstehung des Wendelsteinmassives informieren und/oder mit der Wendelstein-Höhle Deutschlands höchste Schauhöhle besuchen. Das erst 1864 entdeckte Höhlensystem gilt als geologische Sensation. Denn seine Höhenlage über 1700 Meter deutet darauf hin, dass es zeitlich noch vor der Auffaltung der Alpen entstanden sein muss.

Für den Abstieg folgt man entweder dem Anstiegsweg oder kann folgende kleine Rundtour-Varianten wählen: Zunächst kann man den Gipfel auf dem

Sonnenverwöhnter Anstieg über schönes Almgelände

Am Wendelstein-Observatorium finden freitags Führungen (mit Voranmeldung) statt.

sogenannten Panoramaweg umrunden, um zur Bergstation der Seilbahn zu gelangen. Oder man kann von dort aus Richtung Kapelle gehen und kurz davor nach links abzweigen, indem man der Beschilderung Richtung Höhle folgt. Ohne Orientierungsschwierigkeiten steigt man nun nach Osten in die Zeller Scharte ab.

Hier wendet man sich nach rechts und folgt einem breiten Weg, der unterhalb der felsigen Kesselwand in den großen Bergkessel oberhalb der Wendelsteiner Almen führt. Hier wendet man sich wieder nach rechts und steigt nun schließlich direkt nach Süden zu den Almen ab, von wo es genauso wie auf dem Hinweg wieder zum ursprünglichen Ausgangspunkt zurückgeht.

Ruhiger Geheimtipp

Wenn noch kein Schnee liegt, ist die Revisionszeit der Seilbahn im November eine gute Gelegenheit, den Wendelstein weitaus einsamer zu besteigen. Allerdings darf man dann nicht zu spät aufbrechen.

26 Spannende Wanderung zur perfekten Einkehr

ZUM BERGCAFÉ SIGLHOF

Hochkreut ist eine kleine Almfläche unterhalb des Wendelsteins. Von Bayrischzell aus ist sie völlig unkompliziert und kurzweilig auf dem Wendelstein-Männleinweg zu erreichen. Unterwegs gibt es viele Spielmöglichkeiten. Die perfekte Einkehrmöglichkeit Bergcafé Siglhof rundet dieses erste Bergerlebnis gerade für Familien mit kleineren Kindern perfekt ab.

| leicht | 4 km | 2 Std. | 280 m |

Tourencharakter Sehr leichte, kurzweilige Wanderung auf Bergpfaden und Almstraßen. Handtuch und Wechselkleidung nicht vergessen: Wasserspielmöglichkeit! **Altersempfehlung** Ab 4 Jahren **Ausgangs-/Endpunkt** Bayrischzell Bahnhof **GPS-Daten** 47°40'31.3"N 12°00'39.9"E **Anfahrt** Auto: Auf der Salzburger Autobahn A 8 bis Ausfahrt Weyarn, dann weiter auf der B 307 über Miesbach, Schliersee nach Bayrischzell, dort links zur Dorfmitte einbiegen, Parkmöglichkeiten am Bahnhof. **Bahn/Bus:** Mit der Bahn bis Bayrischzell **Einkehr** Bergcafé Siglhof, von Ende April bis Ende Oktober täglich bis 18 Uhr geöffnet **Karte** Kompass 1:50 000, Nr. 8 Tegernsee Schliersee **Information** Tourist-Info Bayrischzell, www.bayrischzell.de

Wir starten am Bahnhof in Bayrischzell und wandern durch die Bahnhofstraße und die Schlierseer Straße in die Ortsmitte zum kleinen Kurpark. Hier weist uns die große hölzerne Skulptur »Wendelstein Männlein« auf den kindgerechten Themenweg. So folgen wir der Beschilderung durch den Kurpark entlang des netten Larchbaches, der mit seiner Wasserspiel-Möglichkeit schon mal sehr verlockend ist. Wer möchte, kann sich hier von seinen Schuhen befreien und die erste Wegetappe im Bachbett zurücklegen. Ansonsten biegen wir links in die Wendelsteinstraße und schon geht es leicht bergauf, wobei die erfrischende Kneippanlage hier für die nächste Attraktion sorgt. In der

Eine perfekte Familientour, mit der die Kinder sehr glücklich sind.

Linkskurve verlassen wir die Straße auf einen Wanderweg und erreichen den wunderschönen Aussichtspunkt Paraplui. Der spannende Aussichtsturm will natürlich erobert werden, und so benötigen wir hier schon die erste Pause. Weiter geht es auf dem Themenabschnitt »Totholzsteig« durch lichten Mischwald. Der Weg steigt nun weiter an und nähert sich der Sudelfeldstraße. Schließlich geht es links leicht bergab und wir erreichen das Ufer des Wendelsteinbaches mit seiner Grünen Gumpe. Hier schuf die Kraft des Wassers ein kleines Felsenbecken mit türkisgrün schillerndem Wasser. Ein herrlicher Rast- und Ruhe- sowie Abenteuerspielplatz für Kinder. Besonders spannend ist es, auf Baumstämmen über das Wasser zu klettern.

Da wird es schwer werden die Kinder zum Weitergehen zu bewegen. Aber von hier sind es nur noch 20 Minuten bis zum nächsten Highlight der Tour. Dafür folgen wir der nun breiten Almstraße weiter bergauf, und schließlich

Sage vom Wendelstein-Männlein

Holt euch doch vor Beginn der Wanderung in der Tourist-Info den Flyer vom Wendelstein-Männlein-Weg. Dort ist die Sage über den Wendelstein-Berggeist wunderbar beschrieben.

taucht das erste Schild Richtung Bergcafé Siglhof auf. An einer Wegkreuzung führt uns das Schild nach Hochkreut weiter, wir verlassen kurz darauf den Wald und betreten an einem alten Kreuz die freien Almflächen von Hochkreut. Jetzt geht es auf einem schmalen Pfad mitten über blühende Wiesen auf den Siglhof zu, der schon in Sichtweite liegt. Die Wiesen rund um das Bergcafé sind Weideland und in Privatbesitz – deshalb dürfen wir auf keinen Fall den schmalen Wiesenweg verlassen und querfeldein laufen! Bei den vielen Besuchern wäre das wertvolle Futter für die Kühe zerstört.

Der Hofname »Siglhof« entstand im 17. Jahrhundert, denn der damalige Bauer hieß Sigismund. Auch wenn ein Hof stets zur selben Familie gehörte, haben sich die Namen der Besitzer z. B. durch Einheirat verändert. Ein Hofname hingegen bleibt immer bestehen, und so wusste jeder in der Umgebung anhand des Hofnamens genau, von wem man gerade sprach. Ein Brauch, der sich bis heute im ländlichen Bayern gehalten hat. Der Hof und das Café werden von Eleonore und Johann Winkler geführt, und das äußerst erfolgreich. Kein Wunder: Feuerwehrkuchen, Himmlische Torte, Apfelweinkuchen, Himbeerkuchen oder Käsekuchen, da wird jeglicher Vorsatz, nicht so viel Süßes essen zu wollen, in Nullkommanichts gebrochen. Obendrein haben die Besitzer ein großes Herz für Familien. Während sich Erwachsene an den Tischen auf der sonnigen Wiese kulinarisch verwöhnen lassen, können Kinder hier wunderbar z. B an einem alten Traktor oder am Klettergerüst spielen.

Nach dem Genuss der Siglhofschen Backkünste wandern wir ein Stück auf dem Hinweg über die Wiese bis in den Wald zurück. Dann folgen wir dem Wendelstein-Männlein-Symbol nach rechts, jetzt steiler bergab durch den Schneeheide-Kiefern-Wald am Reitberg. Nach einer scharfen Spitzkehre dürfen wir uns zwischen den Bäumen hindurch über ein paar schöne Aus-

Spannende Wanderung zur perfekten Einkehr

sichtspunkte freuen. Dann geht es am letzten spannenden Wegabschnitt auf einem Pfad zur Brücke über den Wendelsteinbach. Neben weiteren grünen Wassertöpfen lässt sich noch ein Wasserfall beobachten. Auf der anderen Seite sehen wir unter uns die Tannermühle, die die Kraft des Wassers nutzt. Jetzt queren wir nur noch den Bach und sind dann in wenigen Minuten zurück in Bayrischzell. Vorbei am Freibad kommen wir so zurück in die Ortsmitte und zum Bahnhof.

Im Sommer gibt es beim Aufstieg an der grünen Gumpe viele Wasserspielmöglichkeiten.

SPIELE

Spiele am Wasser

Stille Bergseen, viel mehr aber noch sprudelnde Bergbäche bieten großartige Spielmöglichkeiten. Man kann dort Rinden-Schiffe fahren lassen, Staudämme errichten oder mit größeren Kindern Wasserräder bauen. Deswegen ist es immer eine gute Idee, ein Werkzeug-Set, bestehend aus einer kleinen Säge, einem Handbohrer und fester Schnur bzw. Blumendraht, mit in den Rucksack zu stecken. Mit diesen vier Bestandteilen kann man die wichtigsten Bastelarbeiten für einfache Wasserfahrzeuge bewerkstelligen.

Ist das Wasser nicht zu kalt und die Witterung warm, dürfen die Kinder gleich die Schuhe ausziehen. So bleiben Strümpfe und Schuhe trocken.

Nicht nur bei Jungs ist das Brückenbauen sehr beliebt. Dieser Selbstläufer lässt sich immer wieder variieren. Beispiel: Die Kinder sollen einen Damm oder eine Brücke aus Steinen und Holz anlegen, ohne dabei im Wasser zu stehen. Selbstverständlich darf nur totes Holz verwendet werden. Aber davon gibt es an Bachrändern und Kiesbänken ohnehin eine Menge. Ein Bootsrennen ist mindestens genauso spannend. Am Bach wird eine

Strecke, die möglichst gerade ist, mit Stöcken oder noch besser mit einem gespannten Faden markiert. Jedes Kind baut sich mit Rinden oder Holzstücken ein Boot. Ein kleiner Handbohrer ist wie oben beschrieben dabei sehr hilfreich. In das Loch steckt man einen dünnen Ast. Auf diesen wird ein schönes Blatt gesteckt und fertig ist das Segelboot. Alle Boote werden gleichzeitig an der Startschnur ins Wasser gesetzt. Gewonnen hat das Boot, das als Erstes die Zielschnur unterquert. Am Ufer gestrandete Boote dürfen natürlich wieder etwas weiter bachaufwärts ins Wasser gesetzt werden.

Breite, die Bergbäche begleitende Kiesbänke sind wiederum der ideale Ort für alle Spielarten der sogenannten Landart. Aus großen, runden Kieselsteinen entstehen Pyramiden, Steinkreise oder Steinschnecken, die mit angeschwemmtem Totholz verziert werden können. Der Fantasie sind hier keine Grenzen gesetzt. Am besten funktioniert das Ganze, wenn die Erwachsenen einfach mal mit dem Bauen anfangen. Die Kinder machen dann meist von selbst mit.

Da sich flache Kiesbänke oft am Beginn bzw. am Ende einer Bergtour befinden, sind sie zudem der perfekte Ort, um den Wandertag mit einem Sonnenbad ausklingen zu lassen. Und erfahrene Eltern stecken für ein eventuelles Bachbad ihrer Kids ein Handtuch in den Rucksack.

27 Mit etwas Kraxelei auf den Gipfel

ÜBER DEN VOGELSANG ZUM KLEINEN TRAITHEN

Einen richtigen Adrenalinkick verdient man sich heute auf dieser Bergtour. Kurz vor dem Gipfelziel erwartet uns eine kleine Kraxelei. Doch keine Angst, es handelt sich nicht um schwindelerregende oder abfallende Felswände. Mit etwas Trittsicherheit ist der Aufstieg gut zu schaffen und macht unheimlich Spaß.

 schwer   4 km   2,5 Std.   400 m

Tourencharakter Bis zum Gipfel des Vogelsangs eine kurze und einfache Tour, die sogar schon die kleinsten Kinder bewältigen. Der zweite Teil ist eine echte Herausforderung. Sie führt auf Pfaden zum Teil steil durch Latschen. Kurz unter dem Gipfel gibt es dann einige felsige Stufen zu bewältigen. Dort braucht man seine Hände, es gibt aber auch ein Drahtseil oder eiserne Stufen als Hilfe. Die Stellen sind jedoch überschaubar, nur bei Nässe sollte man extrem vorsichtig sein. Der Rückweg führt über den Hinweg. **Altersempfehlung** Ab 7 Jahren **Ausgangs-/Endpunkt** Berggasthof Walleralm am Oberen Sudelfeld **GPS-Daten** 47°39'50.3"N 12°02'18.1"E **Anfahrt** Salzburger Autobahn A 8 bis Ausfahrt Miesbach, dann über Miesbach und Hausham zum Schliersee; dort auf der B 307 am Schliersee vorbei in Richtung Bayrischzell; weiter auf der Sudelfeldstraße hinauf zum Sudelfeld, dort rechts abbiegen und der Beschilderung über das Untere Sudelfeld folgen, dann rechts halten und auf der schmalen Straße zum Oberen Sudelfeld fahren (Beschilderung Berggasthof Walleralm); dort gibt es am Ende der Straße einige Parkplätze vor dem Gasthaus, wer diese benutzt, sollte im Gegenzug dafür dort einkehren; alternativ können wir unten am großen Sudelfeldparkplatz parken und zu Fuß in zusätzlich 1 Std. hinaufwandern. **Ausrüstung** Feste Bergschuhe, eventuell eine Reepschnur, Kletterausrüstung braucht man nicht. **Einkehr** Unterwegs keine, erst am Schluss beste Möglichkeit in der Walleralm oder der Speckstube **Karte** Kompass 1:50 000, Nr. 8, Tegernsee Schliersee **Information** Tourist-Info Bayrischzell, Tel. 08023/648, www.bayrischzell.de

Manchmal werden sogar die Stöcke der Eltern als Spielzeug zweckentfremdet – perfekt!

Die Tour klingt spannend und ist es auch! Eine echte kleine Herausforderung an Bergsteigerkinder. Trotzdem eignet sich die Wanderung sehr gut für Familien mit unterschiedlich großen Kindern, deren technisches Können auseinanderklafft. Die einen wagen den Gipfelsturm, die anderen wandern nur die leichte Tour bis zum Vogelsang und warten dort auf die Klettermaxe (eventuell ein Bilderbuch oder Malsachen mitnehmen).

Unser Aufstieg hinauf zum ersten Gipfel, dem Vogelsang, beginnt gleich hinter dem großen Berggasthof Walleralm. Der breite Almweg führt aufwärts zu einem Skilifthäuschen und der Startrampe für die

See am Berg?

Bei der Auffahrt bemerkt man die großen Wasserbecken. Das sind keine natürlichen Seen, sondern Wasserreservoirs für die Beschneiungsanlagen im Winter. Das Sudelfeld ist nämlich in der kalten Jahreszeit ein beliebtes Skigebiet.

Gleitschirm- und Drachenflieger. Bei schönem Flugwetter gibt es hier immer viel zu bestaunen. Dort wendet sich der Weg nach links und führt nun steiler bis zum nächsten Lifthäuschen hinauf. Hier endet der breite Weg. Entlang der Almwiesen geht es jetzt auf einem ansteigenden Bergpfad mit rot-weißer Markierung nach rechts. Am Ende der Almwiese erreichen wir die kleinen Felsen, die, durch ein Gipfelkreuz gekrönt, den Vogelsang markieren. Vom Kreuz, das 1968 von der Belegschaft des Bayrischzeller Schwebelifts

Für die aussichtsreiche Gipfelrast unbedingt genügend Brotzeit einpacken – hier brauchen wir Zeit!

Mit etwas Kraxelei auf den Gipfel

errichtet worden ist, hat man einen traumhaften Blick über das Talbecken von Bayrischzell auf den Wendelstein.

Die Sitzplätze um den Gipfel sind rar, aber wir wollen ja auch noch den Kleinen Traithen besteigen. So folgen wir einfach dem Bergpfad, der im leichten Auf und Ab weiterführt. Bereits von diesem Weg genießen wir immer wieder die schönen Aussichten, abwechselnd nach links über den Almboden der Rosengasse oder nach rechts über das Leitzachtal mit dem Wendelstein und dem Seebergkopf. Übrigens finden sich auch hier immer wieder kleine Rastplätze. Diejenigen unter uns, die sich nicht auf den Kleinen Traithen wagen, können sich auf diesen Logenplätzen die Wartezeit verkürzen. Schließlich erreichen wir den Fuß des Kleinen Traithen, sein Gipfelkreuz ist deutlich zu sehen.

Ein bisschen wundert man sich, wie man da je hinaufkommen soll. Aber die fleißigen Wegebauer des Alpenvereins haben den Aufstiegsweg so geschickt und clever durch die Latschen angelegt, dass man leicht im Zick-Zack aufwärtssteigen kann. So stoßen wir an keinerlei abfallende Stellen, die für Schwindelgefühl sorgen würden.

Nur die drei steileren Felsstufen verlangen von uns und vor allem von den Kindern Konzentration und Trittsicherheit. Wer jüngere Kinder dabei hat, sollte diese an ein Sicherungsseil nehmen und vorausgehen. Dann darf man sich aber nicht wundern, wie sie flink wie Gämsen und schneller als wir die Stellen überwinden. Ein wenig aus der Puste, aber mit aufregendem Kick und Adrenalin im Blut erreichen wir schließlich den Gipfel. Jetzt heißt es verschnaufen und die Rundumsicht genießen! Ein Rastplatzerl findet sich bestimmt.

Wer noch Lust und Zeit hat, kann für einige Minuten dem Weg weiter folgen und bis zur Fellalm am Traithenjoch etwa 100 Höhenmeter absteigen. Da der Rückweg auf dem Hinweg verläuft, wissen wir ja, was uns erwartet!

28 Obst, Mooraussicht und noch viel mehr

AUF DIE TREGLER ALM

Diese wunderschöne Rundtour führt zur aussichtsreichen Tregler Alm oberhalb von Bad Feilnbach. Auf den Wiesen drum herum ist Platz zum Spielen und auf der Terrasse Zeit zum Genießen. Wer nach der Tour noch Lust hat, kann die nahe Sterntaler Filze mit ihrem Moorerlebnisweg besuchen.

Auf eine so beliebte Alm führen natürlich viele Wege. Aber gerade mit Kindern sind die kleineren, verschlungeneren Pfade, die man auch noch suchen muss, viel spannender als manch große, ausgeschilderte Hauptstrecke. Deshalb queren wir am Rathaus die Hauptstraße auf dem Fußgängerstreifen und wandern auf der anderen Seite in die Riesenfeldstraße hinein. Ihr folgen wir über alle Kreuzungen hinweg bis zu ihrem Ende. Dann biegen wir

leicht   6 km   3 Std.   500 m

Tourencharakter Eine schöne Rundtour auf schmalen Wegen, Forststraßen und Bergpfaden **Altersempfehlung** Ab 5 Jahren **Ausgangs-/Endpunkt** Bad Feilnbach, Parkplatz am Rathaus **GPS-Daten** 47°46'19.2"N 12°00'26.6"E **Anfahrt Auto:** Auf der A 8 bis Ausfahrt Bad Aibling/Kolbermoor, dort rechts nach Bad Feilnbach; der Parkplatz liegt in der Ortsmitte, unterhalb des Rathauses in der Nähe des Freibades. **Bahn/Bus:** Mit dem Zug nach Bad Aibling, weiter mit dem Bus **Einkehr** Die Tregler Alm (Mo Ruhetag) ist für eine Rast perfekt, denn die Aussicht ist wirklich sehr schön. Etwas unterhalb gibt es aber auch Wiesenfleckerl für eine mitgebrachte Brotzeit. Am Ende der Tour gibt es in Bad Feilnbach den Gasthof Pfeiffenthaler. Unser kulinarischer Lieblingstipp! **Karte** Kompass 1:50 000, Nr. 8 Tegernsee **Information** Tourist-Info Bad Feilnbach, Bahnhofstr. 5, 83075 Bad Feilnbach, Tel. 08066/14 44, www.bad-feilnbach.de

Wer nicht in der Tregler Alm einkehren möchte, findet rundum auf den Wiesen auch ein nettes Plätzchen.

nur wenige Meter nach rechts in die Breitensteinstraße und müssen nun die Augen ein bisschen aufhalten. Links beginnt ein sehr schmaler Fußweg hinter einer Hecke. Zur leichteren Orientierung: Er beginnt unmittelbar vor dem Zaun des alten weißen Forsthauses, das sich durch das Hirschgeweih an der Hauswand leicht identifizieren lässt.

Zu Beginn steigt der Weg im Wald steil an und wir passieren ein großes Wildgehege. Mit etwas Glück ist das Rotwild gut zu sehen. Dann gehen wir am Wiesenrand auf einem kaum mehr ersichtlichen Pfad bis zu einem ungeteerten Feldweg. Diesem folgen wir nach rechts, wieder in den Wald hinein. Zuerst geht es leicht bergab,

Weniger Wandern?

Die Tregler Alm lässt sich sogar mit Kinderwagen auf einem noch viel kürzeren Weg in gerade einmal 45 Minuten erreichen. Diese Wegvariante ist für Familien mit Kleinkindern interessant. Der Start dazu liegt an der Straße, die von Bad Feilnbach nach Fischbachau führt. Dort gibt es einen ausgeschilderten Wanderparkplatz.

dann folgen wir der Linkskurve und schon steigt der Wanderweg wieder an. Endlich ist die Tregler Alm auch ausgeschildert. Dieser Beschilderung folgen wir nun stets: An der Weggabelung, die beide Richtungen zur Alm weist, ist es schlicht egal, welchen Weg wir wählen. 200 Meter später vereinen sie sich wieder. Da lässt sich natürlich auch ein spontaner Familienwettbewerb starten, über welche Seite man schneller ist! Kurz darauf verlassen wir den Wald an der Bergwachthütte der Bad Feilnbacher Rettungsstaffel. Nun brauchen wir nur noch zwei große Kehren bis zur bereits sichtbaren Tregler Alm hinaufzusteigen.

Hier ist der beste Platz für eine Pause. Wer nicht einkehren möchte, findet auf den umliegenden Wiesen auch ein Plätzchen für eine Brotzeit. Die Alm selbst ist ein beliebtes Ausflugsziel und manchmal ist es schwer einen Platz auf der sonnigen Terrasse zu finden. Die Aussicht reicht über die Kreisstadt

Rosenheim und den dahinter liegenden Simssee bis zur Kampenwand und die nahen Chiemgauer Berge. Im Westen sehen wir den Irschenberg und direkt zu unseren Füßen Bad Feilnbach mit seinen weiten Mooren. Für den Abstieg steigen wir den Hinweg bis zur zweiten Kehre zurück, dann wan-

Die Terrasse der Tregler Alm ist sehr sonnig und besticht durch ihre schöne Aussicht über das Voralpenland.

dern wir links auf den Pfad der nach »Bad Feilnbach über Weißenbach« beschildert ist. Auf unserem Rückweg überqueren wir mehrere Rinnsale und nach Regen kann es hier auch recht feucht sein. Wir hatten auf diesem Wegabschnitt das Glück, zwei Feuersalamander zu sehen. Also Augen auf! Bald erreichen wir den Weiler Weißenbach, der aus einigen sehr schönen alten Bauernhöfen besteht. Etwa 400 Meter geht es auf einer Teerstraße am Weißenbach entlang bis zum nächsten einsamen Hof. Hier wenden wir uns nach rechts, wieder auf eine ungeteerte Straße, auf der wir bald das Jugendhaus Thalhäusl passieren. Wir gehen noch ein Stück geradeaus im Wald, dann weist uns ein Wanderschild nach links an den Osterbach, dem wir nun stur bergab folgen, bis wir auf die Schwarzenbergstraße und die ersten Feilnbacher Häuser stoßen. Wir folgen einfach dem Straßenverlauf, queren die Breitensteinstraße geradeaus in den Fußgängerweg und erreichen so die Hauptstraße. Nun geht es noch ein Stück nach rechts zurück bis zum Bad Feilnbacher Rathaus. Dahinter befindet sich übrigens ein tolles Freibad.

Rund um den Apfel

Jedes Jahr am 2. Oktoberwochenende wird Bad Feilnbach zur Hauptstadt der Äpfel. Auf dem riesigen Feilnbacher Apfelmarkt gibt es wirklich viel zu sehen, zu kaufen und zu probieren. Der Andrang ist groß, aber es lohnt sich!

29 Actionreiche Tour für große und kleine Kinder

AM HOCHECK

Das Hocheck ist der Hausberg von Oberaudorf im Inntal. Eine dortige Wanderung passt für Familien mit Kindern jeglichen Alters, denn zusätzlich zur tollen Aussicht werden viele Freizeitaktivitäten wie eine Sommerrodelbahn, der Sagenweg oder der Oberaudorfer Flieger geboten.

So müssen wir nur vor der Wanderung überlegen, wie viel Kondition unsere Kinder haben. Zur Bergstation führt das ganze Jahr über ein Sessellift. Die Sportlichen unter uns mit Kindern ab sieben Jahren wandern die 300 Höhen-

| leicht | 4 km | 1 Std. | 200 m |

Tourencharakter Leichte Bergwanderung, die sich mithilfe des Sesselliftes bereits für die Allerkleinsten eignet **Altersempfehlung** Ab 3 Jahren **Ausgangs-/Endpunkt** Parkplätze an der Hocheckbahn **GPS-Daten** 47°38'49.5"N 12°10'03.2"E **Anfahrt Auto:** Von München über die A 8 und die A 93 bis Ausfahrt Oberaudorf und weiter nach Oberaudorf fahren; der Beschilderung zur Hocheckbahn durch den Ort folgen, sie liegt im Hubertusweg. **Bahn/Bus:** Mit der Bahn nach Oberaudorf, 10 Min. Fußweg **Öffnungszeiten** Bergbahnen täglich ab Pfingsten bis Kirchweihmontag 9.30–17 Uhr, Oberaudorfer Flieger am Wochenende 13–16.30 Uhr **Preise** Einzelfahrt Bergbahn Erwachsene 5,90 €, Kinder 4,70 €, Kleinkinder bis 5 Jahre kostenlos; Oberaudorfer Flieger Erwachsene 19,90 €, Kinder 15,90 €, dann Rabatt für Lifttickets; die Sommerrodelbahn ist bei der Bergfahrt inklusive, Kinder ab 8 Jahre dürfen alleine fahren. **Einkehr** Berggasthof Hocheck oder Café an der Talstation **Karte** Kompass 1:50 000, Nr. 8 Tegernsee Schliersee **Information** Hocheck Bergbahn, Carl-Hagenstr. 7, 83080 Oberdorf, Tel. 08033/30 35-0, www.hocheck.com

Actionreiche Tour für große und kleine Kinder

Wer fleißig wandert, darf zur Belohnung mit der Sommerrodelbahn abfahren – das schont auch die Knie der Eltern!

meter in einer guten Stunde nach oben. Der Weg beginnt am Ende des Hubertuswegs und führt über die Rodelbahn hinauf.

Als kurze Tour für Familien mit Kleinkindern ist der abwechslungsreiche Sagenweg ab der Bergstation besonders zu empfehlen. Nach einer Einstimmung durch den Waldgeist und die Brünnsteinzwergen-Sage steigen wir ein kurzes Stück bis zum Zwergenhaus bergauf. Dort können die Kinder toben und spielen, während sich die Eltern an der wunderbaren

Winterfreuden

Übrigens eignet sich das Hocheck auch im Winter hervorragend für eine Rodelpartie. Die Rodelbahn gilt als sehr sicher und familienfreundlich.

Größere Kinder trauen sich in den Oberaudorfer Flieger und sausen fliegend – in der Direttissima – von der Mittelstation ins Tal.

Oberaudorf mit seiner Pfarrkirche zu Unserer Lieben Frau von oben

Aussicht berauschen. Zurück gehen wir dann wieder bis zur Bergstation oder zum Berggasthof Hocheck. Dort können wir natürlich einkehren und weiter die wunderbare Aussicht über das Inntal auf den nahen Wilden Kaiser genießen. Oder wir folgen gleich dem Sagenweg weiter bergab über die Winterrodelbahn bis zur Mittelstation.

Dort beginnt dann die Action. Schon für die Kleinsten ist eine Fahrt mit der Sommerrodelbahn ins Tal ein tolles Abenteuer. Die Abfahrt mit dem Rodel, die übrigens im Preis der Lifttickets enthalten ist, führt

über viele Kurven und zwei Jumps rasant und schnell nach unten. Ein Highlight ist der 16 Meter hohe 360-Grad-Kreisel. Kinder ab acht Jahren und Erwachsene (mindestens 130 cm Körpergröße, 31 bis 125 kg Körpergewicht) können sich ab der Mittelstation noch einen ganz anderen Traum erfüllen – den Traum vom Fliegen! Dafür steht der Oberaudorfer Flieger bereit. Nur an einem Drahtseil hängend fliegen wir rund 700 Meter in der Direttissima hinunter zur Talstation. Bei fast 80 km/h gibt es weiche Knie, Nervenflattern und Herzklopfen. So geht ein wunderbarer Bergtag actionreich zu Ende.

30 Abwechslungsreiche Wanderung mit Bahnfahrt

DURCH DIE GIESSENBACHKLAMM ZUR SCHOPPERALM

Eine Bahnfahrt, Wasser, Tiere, Spielmöglichkeiten und noch ganz viel mehr erwartet uns auf der heutigen Wanderung bei Kiefersfelden. Die ist so kurzweilig und abwechslungsreich, dass Kinder ganz von alleine flitzen. Besser geht's nicht!

Eisenbahnfreunde aufgepasst! Heute lässt sich Bahnfahren mit Wandern verbinden. Die Wachtlbahn ist eine historische – heute private – Schmalspur-Eisenbahn, die aber nur in den Sommermonaten an Wochenenden fährt. Sie

leicht   4,5 km   2 Std.   200 m

Tourencharakter Die kurze, schattige Wanderung führt auf schmalen Wegen durch die gut gesicherte Klamm. Wer keinen Wachtlbahn-Tag erwischt, parkt am besten gleich am Ende der Thierbachstraße. **Altersempfehlung** Ab 4 Jahren **Ausgangs-/Endpunkt** Kiefersfelden, Wachtlbahn-Bahnhof im Siedlerweg **GPS-Daten** 47°36'54.9"N 12°11'34.2"E **Anfahrt Auto:** Über die A 8 und weiter über die Inntalautobahn A 93 bis Ausfahrt Kiefersfelden; wer mit der Wachtlbahn fährt, parkt in der Ortsmitte und geht zu Fuß zum Wachtlbahnhof, der nördlich des Flusses Kiefer liegt; ohne Bahnfahrt fährt man in die Thierseestraße bis zu ihrem Ende. **Bahn/Bus:** Mit der Bahn nach Kiefersfelden **Öffnungszeiten** Die Klamm ist im Winter gesperrt; der Wachtlexpress fährt nur an bestimmten Wochenenden, Infos im Internet, ansonsten zusätzlich eineinhalb Stunden für Hin- und Rückweg einplanen. **Preise** Wachtlbahn Hin-und Rückfahrt 6 € **Einkehr** Schopperalm geöffnet vom 1. Mai bis Kirchweih täglich ab 9 Uhr, Mo Ruhetag, von November bis März nur an den Wochenenden **Karte** Kompass 1:50 000, Nr. 9 Oberaudorf **Information** Tourist-Info Kiefersfelden, Rathausplatz 1, 83088 Kiefersfelden, Tel. 08033/97 65 27, www.tourismus-kiefersfelden.de

Für einen längeren Stopp zur Erfrischung und zum Spielen lohnt sich der Gießenbach unterhalb der Schopperalm.

startet im Ort Kiefersfelden und führt uns bequem und ohne jede Anstrengung entlang des Kiefernbaches bis zur Haltestelle Gießenbachklamm. Alternativ lässt sich die Tour natürlich auch direkt von dort starten. Am – mit acht Metern Durchmesser – größten Wasserrad Bayerns, der Bleyer Säge, beginnt dann unsere Wanderung. Wir folgen einfach dem kleineren Gießenbach flussaufwärts. Dafür queren wir bald den Bach und wandern ohne große Anstrengung bis zu einem kleinen E-Werk. Dahinter beginnt dann die eigentliche Gießenbachklamm. Am Anfang können wir noch einen Blick in die enge Felsschlucht werfen. Dann beginnt das Abenteuer! Wir steigen über steile Treppen am Rand der Klamm hoch. Erst ganz oben blicken wir dann wieder in die Schlucht, denn wir wandern auf einem Felsband – natürlich tadellos durch ein Gitter gesichert – hoch über ihr. Unter uns gurgelt das Was-

Kinder und Wasser

Wenn ihr baden möchtet, findet ihr in Kiefersfelden das Schwimmbad Innsola, den Hechtsee oder den nahen Hödenauer See mit seiner Wasserskianlage.

Hechtsee

Mit größeren Kindern ist auch die Wanderung ab der Ortsmitte von Kiefersfelden interessant. Der Hinweg führt stets fast eben am Kieferbach entlang, beim Rückweg lässt sich dann der herrliche Hechtsee samt Wasserfall mit einbeziehen. Für Hin- und Rückweg zusätzlich 1,5 Std. einplanen.

ser, aber auch von oben tropft es nass herunter. Unterschiedlichste Moosarten, kleine Farne und auch Flechten krallen sich in die Felsritzen. Manchmal sollte man auch die kleinen Wunder der Natur im Blick haben.

An einem kleinen Stausee haben wir dann das obere Ende der Schlucht erreicht. Jetzt geht es auf einem recht sonnigen Weg zur nahen Schopperalm. Familien mit Kindern kommen hier voll auf ihre Kosten! Es gibt einen kleinen Streichelzoo mit Zwergziegen und Schafen, einen Wasserspielplatz und sogar eine Bobbycar-Downhill-Piste. Auf den Wiesen rund um die Alm kann man auch als Erwachsener herrlich chillen, denn die Kinder können gefahrlos toben und sausen. Wer es jedoch lieber etwas ruhiger mag, kann zum nahen Bach hinuntersteigen. Auf den Kiesbänken lässt es sich auch gut entspannen und die Kinder sind stundenlang mit Wasserspielen nebst Dämme- und Steinmännchenbauen beschäftigt.

Zurück geht es auf dem Hinweg oder wir dehnen die Tour zu einem Rundweg über den Weiler Trojer aus. Dieser Weg dauert nur gut 15 Minuten länger, beschert uns aber einige schöne Ausblicke. Dafür queren wir den Bach auf der Holzbrücke und folgen zunächst der breiteren Forststraße. Dann biegen wir, der Beschilderung nach Trojer folgend, auf einen Wanderweg ein. So erreichen wir an einer Wiese den Weiler Trojer. Von dort folgen wir zum finalen Abstieg der geteerten Straße zurück an den Kiefernbach. Hier besteigen wir wieder den Wachtlexpress und fahren zurück zum Ausgangspunkt.

Abenteuerlich, aber sehr spannend windet sich der Weg oberhalb der Klamm.

31 Perfekte Familientour mit gewaltigem Panorama

AUF DAS KRANZHORN

Besonders zu empfehlen ist diese schöne Almrunde im Herbst, wenn die beste Fernsicht herrscht. Der Ausblick ins Inntal, auf die schroffen Kalkwände des Wilden Kaisers und die beeindruckenden Gletscherberge des Alpenhauptkamms ist wirklich gewaltig.

Um eine Rundtour zu unternehmen, geht man vom Wanderparkplatz aus zunächst ein Stück zurück und zweigt dann nach rechts in eine breite Forststraße ab (Wegweiser »Kranzhorn über Bubenau«). Man folgt dieser ein längeres Stück, wobei man sich bei Gabelungen zweimal jeweils rechts hält und der Beschilderung Richtung Kranzhorn Alm folgt.

Dann kann man den Fahrweg ebenfalls gut beschildert verlassen, darf sich aber nicht zu früh freuen. Denn nach kurzer Zeit stößt man wieder auf die

leicht   6 km   3 Std.   450 m

Tourencharakter Schöne Rundwanderung auf guten Wegen, beim Aufstieg über die Bubenau Alm auch Wiesenpfade. Am Gipfel muss man auf kleinere Kinder aufpassen. **Altersempfehlung** Ab 6 Jahren
Ausgangs-/Endpunkt Wanderparkplatz nordöstlich von Erl   **GPS-Daten** 47°41'00.5"N 12°12'14.8"E
Anfahrt Über die A 8 und A 93 bis zur Ausfahrt Reichenhart/Nußdorf und weiter nach Nußdorf; der Beschilderung nach Erl folgen und dort nach der Kirche links Richtung Erler Berg/Kranzhorn fahren; dem Teerweg folgen, bei der Gabelung links Richtung Kranzhorn; über freie Flächen geht es in den Wald und bei der Gabelung links zum Wanderparkplatz.   **Einkehr** Kranzhorn Alm, Ende April bis Anfang November, kein Ruhetag
Karte Alpenvereinskarte 1:25 000, BY 17 Chiemgauer Alpen West   **Information** Tourismusverband Ferienland Kufstein, Tel. +43/5372/622 07, www.erl.at

An der Kranzhorn-Alm ist Zeit zum Spielen, Toben und Ausruhen (für die Eltern).

Forststraße, der man nochmal ein gutes Stück folgt. Die Abzweigung rechts zur Hintermair-Alm ignorieren wir dabei.

Kurz vor dem Waldrand hält man sich bei einer Gabelung rechts, kommt aus dem Wald heraus und steigt nun geradeaus einen alten Karrenweg bergan, der direkt zur Bubenau Alm hinaufführt. Es geht rechts an dieser vorbei und auf einem schönen Bergsteig in den Wald hinein. Schließlich verlässt man den Bergwald leicht rechts haltend und steigt etwas steiler über einen deutlichen Pfad die Wiesenhänge der Kranzhorn Alm hinauf. Vor dem Einkehren sollten sich Kinder wie Eltern die Erfrischung noch mit dem Gipfelanstieg verdienen, der auch ohne Pause leicht zu schaffen ist. Denn bis zum höchsten Punkt sind es nur noch etwa 20 Minuten.

Man geht also vor der Kranzhorn Alm links und über Stufen weiter bergan.

Kostenloser Kletterspaß

Auf der Rundtour liegt unweit der Fischbachalm ein toller Felsblock, an dem ihr eure Eltern unbedingt zu einer kleinen Kletterpause überreden müsst!

Beim Anstieg kommt man an der uralten Bubenau Alm vorbei.

Kurz vor dem Gipfel kann man nach links einen Abstecher zu einer unterhalb des Weges liegenden kleinen Kapelle machen. Der Sage nach wollte eine Sennerin einst dort beten. Doch auf der Türschwelle hockte eine Kröte. Mit einem Fuß stieß die Almerin das Tier vom Eingang weg. Aber gleich hüpfte das Heppei, wie man hier Kröten auch nennt, wieder an seinen Platz und glotzte das Mädchen an. Wieder wollte dieses die Kröte auf gleiche Weise verjagen. Aber da plusterte sich diese auf und bekam Federn wie eine Henne. Erschreckt stieg die Sennerin über dieses seltsame Wesen hinweg und machte rasch die Kapellentür auf. Doch vor ihr huschte die gefiederte Kröte ins Kirchlein. Vor dem Altar setzte sie sich auf ihre Hinterbeine und legte die Vorderpfoten kreuzweise übereinander. Bis sich die Almerin von ihrer Verwunderung erholt hatte, war das Tier spurlos verschwunden. So hatte auf diese

Kleinkinder müssen am Ziel an die Hand. Denn so sanft der Anstieg zum Kranzhorn ist, so steil fällt es nach Westen zum Inntal hin ab.

Weise eine verfluchte Seele ihre Erlösung gefunden. Keine fünf Minuten später finden auch all diejenigen Erlösung, die die Aussicht auf eine grandiose Aussicht kaum noch aushalten können. Zuletzt führt der Weg über einen schmalen Grat auf den leicht ausgesetzten, 1368 Meter hohen Gipfelblock des Kranzhorns. Der Blick auf das direkt unter uns liegende Inntal und den im Süden aufragenden, vergletscherten Alpenhauptkamm sucht wirklich seinesgleichen. Zwei Kreuze stehen übrigens auf dem Doppelgipfel des Kranzhorns, das eine auf der bayerischen, das andere auf der Tiroler Seite des Berges. Darum heißt der Berg in Tirol nicht Kranzhorn, sondern Grenzhorn.

Zurück geht es auf demselben Weg zur perfekt gelegenen Einkehrmöglichkeit Kranzhorn Alm. Wer im Anschluss nicht auf demselben Weg absteigen, sondern eine Rundtour machen möchte, folgt vor dem Eingang einem breiten Fahrweg nach Norden, der über ein paar Serpentinen zur Fischbachalm hinabführt.

Mit Kids sollte man wegen eines tollen, auf dem Weg liegenden Kletterfelsens eine viertelstündige Kraxelpause einplanen. Zum krönenden Abschluss führt die Almstraße direkt an der urigen Hintermair-Alm und somit einer günstigen Verpflegungsmöglichkeit vorbei. Ein frisch gemolkenes Glas Milch plus großem Marmorkuchenstück kostete im Sommer 2014 dort schlappe drei Euro. So gestärkt ist es nur noch ein Katzensprung zum am Ende der Almstraße gelegenen Wanderparkplatz.

Über freie Wiesenhänge geht es hinauf zur Hitscheralm.

Berchtesgadener Land und Chiemgau

32 Aussichtsreiche Almwanderung mit Bademöglichkeit

AUF DEN BRENNKOPF

Wenn man zwei Söhne im Alter von fünf und zehn Jahren hat, ist man immer auf der Suche nach Touren, die beide Kids zufriedenstellen. Als ideales Fundstück erwies sich an einem schönen Julitag der Brennkopf, was auch an der netten Einkehrmöglichkeit und dem nahen Walchsee liegt.

leicht — 8 km — 4 Std. — 700 m

Tourencharakter Abwechslungsreiche Rundwanderung, die zur Hälfte im Wald und auf Almflächen verläuft. Wegen der südseitigen Exposition sollte man im Sommer nicht mittags aufsteigen. Ein längeres, aber aussichtsreiches Stück erfolgt auf Almstraßen. **Altersempfehlung** Ab 6 Jahren **Ausgangs- und Endpunkt** Parkplatz an Moorturm **GPS-Daten** 14.661152, 12.298265 **Anfahrt** Über die A 8 und A 93 bis Ausfahrt Oberaudorf und weiter über Niederndorf und Durchholzen nach Walchsee; an der Sparkasse links und weiter über Maurach zum Parkplatz am Moorturm **Einkehr** Hitscheralm, Juni bis Oktober geöffnet **Karte** LDBV 1:50 000, UK 50-54 Chiemsee Chiemgauer Alpen; Alpenvereinskarte 1:25 000, BY 17 Chiemgauer Alpen West **Information** Tourismusverband Kaiserwinkl, Tel. +43/501/100, www.kaiserwinkl.com

Auf der gegenüberliegenden Seite des Moorturm-Parkplatzes weist ein Schild auf den Anstieg zur Brennalm hin. Vor einem Bauernhof geht es halblinks (Schild »Brennkopf«) in einen Wiesenweg. Bei von unmotivierten Kindern verursachten Startproblemen bietet sich hier das bewährte Spiel »Wer findet die nächste rote Markierung?« an.

So oder so überquert man zweimal einen Bach und geht eine Wiese geradeaus hoch. An ihrem Ende folgt man halblinks dem Wegweiser »Hitscheralm, Brennalm« in den Wald. Man kommt auf eine Wiese, geht hier rechts und am oberen Ende links, um auf einen breiten Fahrweg zu stoßen. Diesem folgt man ein Stück nach rechts, und verlässt ihn dann mit dem Wegweiser

Vom Gipfel führt zunächst ein Wiesenpfad direkt nach Süden hinab.

Richtung Brennkopf nach links. Der folgende Waldweg wird etwas steiler, dann wieder flacher und führt ins freie Almgelände. Ab jetzt geht es mit schönen Ausblicken zur netten Hitscheralm hinauf.

Dort haben wir uns unbedingt eine Stärkung verdient. Schließlich sind gut zwei Drittel der Aufstiegshöhenmeter geschafft. Auch wenn ein Belohnungseis – wie auf den meisten Berghütten üblich – nicht in Aussicht gestellt werden kann, so ist die Hitscheralm dennoch bestens dazu geeignet, die kulinarische Bergbildung zu vertiefen. Almdudler ist schließlich Kult und schmeckt.

Nach dem Zwischenstopp folgt man hinter der Holzhütte einer breiten Almstraße halblinks bergan Richtung Brennalm uns Knollalm. Ab jetzt ist der Weg wegen seiner Breite zwar

Die besten Badeplätze

Die schönsten Badewiesen des nahe gelegenen Walchsees findet ihr an dessen unverbautem Südufer!

weniger spannend, dafür kann man bei der nun geringen Steigung pausenlos Geschichten erzählen, ohne aus der Puste zu kommen. Lesende Grundschulkinder dürfen ab jetzt die Rolle des Guides übernehmen, will

heißen auf die Wegweiser achten. Führt das zu keinem Versteigen, geht der weitere Wegverlauf so: Bei einer Gabelung hält man sich rechts und wandert weiter bis zur Knollalm. Hinter dieser gabelt sich die Almstraße, man geht nach links Richtung Brennkopf. Bald danach wendet man sich an einem weiteren Wegweiser von der Almstraße ab und folgt einem alten Karrenweg und zuletzt einem schmalen Pfad auf den Gipfel des Brennkopfes. Für einen nur 1353 Meter hohen Gipfel kann sich die Aussicht wirklich sehen lassen. Im Hochsommer zieht vor allem der Blick auf den blauen Walchsee die Kinderaugen magisch an.

Moorturm

Nach der Tour sollte man die Aussicht vom Moorturm genießen, wo zudem Naturinfotafeln zu finden sind.

Der direkte Gipfelabstieg nach Süden ist wegen seiner Weglosigkeit, vor allem aber wegen seiner paarhufigen Bewohner zunächst aufregend. Da kann man beim Passieren der gutmütigen Almkühe schon mal Schutz auf Papas Schultern suchen. Spätestens dort, wo man auf eine Almstraße trifft, wo neben zwei Almhütten ein Weg-

Aussichtsreiche Almwanderung mit Bademöglichkeit

weiser steht, geht es auf den eigenen Kinderfüßen weiter. Hier geht man geradeaus nach Süden und folgt der Almstraße, die bald eine Kurve nach rechts macht und zur Schanzer Alm hinüberleitet. Aber Vorsicht: Der Draht über dem Zaunübertritt steht unter Spannung!

Hinter der Alm folgt man dem Wegweiser Richtung Walchsee nach links und steigt eine buckelige Wiese auf teils undeutlichem Pfad bergab. Am anderen Ende steht wieder ein Wegweiser, der zu einem deutlich sichtbaren Fußweg führt. Man erreicht erneut den Waldbereich und muss gut auf die Wegspur bzw. Markierungen achten. Bald geht es nach rechts und auf einem Pfad eine Wiese hinab. Am Ende der Wiese stoßen wir auf eine Almstraße, der wir kurz nach rechts, dann nach links folgen. Bald kann man auch diese Straße mit dem Wegweiser Richtung Walchensee wieder nach rechts verlassen. Zuletzt kommt man aus dem Wald heraus. Am Talboden angekommen, gehen wir rechts an einem weißen Gebäude vorbei und folgen zuletzt einem schönen, parallel zum Ramsbach verlaufenden Weg, der direkt zur Straße Walchsee–Maurach führt. Wir wenden uns nach rechts und gelangen auf einem Fahrradweg zum Ausgangspunkt, wo es freilich noch den Moorturm zu besteigen gilt.

Bei dieser Almrunde sollten die Kinder keine Angst vor großen Tieren haben.

WISSEN

Naturbeobachtung mit Kindern

Alpensalamander, Murmeltier und Steinbock sind bei Kindern besonders beliebt. Doch nur selten werden – zumeist eher laute – Familienwandergruppen das Glück haben, eines dieser Tiere aus der Nähe zu beobachten. Bringen Sie Ihren Kindern die Liebe zur Natur erst einmal anders näher. Der Erfolg liegt im Detail. Entdecken Sie also Pflanzen und Tiere mit Bestimmungsbuch und Lupe. Besonders bewährt hat sich die Becherlupe. Durch das Vergrößerungsglas schauen auch Erwachsene gerne durch und erschrecken vor der zur »Tarantula« mutierten Waldspinne.

Die Naturbeobachtung ist übrigens ein gutes Mittel, um zwischendurch mal für Stille zu sorgen. Jedes Kind wird begreifen, dass sich die Tiere vor einer herumschreienden Horde schnell zurückziehen. Hier zwei Tipps zur Naturerfahrung mit Kindern – einmal am Bach und einmal im Gebirge:

Wenn man ein paar Plastikschalen, Sieb, Pinsel oder Pinzette dabeihat, kann man an Bächen einen kleinen Larvenzoo einrichten. Das Küchensieb wird ins Wasser gehalten. Strömungsaufwärts werden Steine umgedreht. Die Insektenlarven werden in das Sieb gespült und mit Pinzette und Pinsel vorsichtig in die

mit Bachwasser gefüllten Schalen gesetzt. Versuchen Sie die Larven oder Schnecken mithilfe von Bestimmungsbüchern zu benennen und vergessen Sie vor allem nicht die Kleintiere wieder ins Wasser zu geben. Wandert man im Gebirge, sollte man mit Schulkindern das Höhenstufenbild ausprobieren. Auch wenn es etwas Vorbereitung erfordert: Auf der Wanderung erzählt man den Kindern oder überlegt mit ihnen zusammen, welche Pflanzen und Tiere wo wachsen und leben. Es werden vier Höhenstufen hervorgehoben:

- Die Täler – mit Reh, Fuchs, Wiesenblumen (Margerite, Klatschmohn, Wiesenklee, Herbstzeitlose)
- Der Bergwald – mit Fichte, Bergahorn, Hirsch, Pilz
- Die Almflächen – mit Murmeltier, Salamander, Gämse, Alpenrose, Enzian
- Die Gipfelregion – mit Steinbock, Dohle, Steinadler, Edelweiß, Flechten

Zu Hause oder auf der Hütte gibt es dann die Überraschung: Auf einem großen Blatt Papier (z. B. einem Stück Paketrolle) malt man mit einem dicken Filzstift einen stilisierten Berg mit den vier Höhenstufen. Dann werden an die Kinder Kartonkärtchen verteilt, auf denen die verschiedenen Tiere und Pflanzen vorher aufgemalt wurden. Die Kinder sollen nun ihr Tier in die richtige Bergregion mit Klebeband kleben, was immer toll ankommt. Man kann am Vorabend die verschiedenen Tier- und Pflanzenkarten natürlich auch zusammen mit den Kindern malen.

33 Großartige Aussichten vom sagenumwobenen Berg

AUF DEN HEUBERG

Mit knapp 600 Höhenmetern hat der Eckpfeiler der Chiemgauer Alpen ein sensationelles Preis-Leistungs-Verhältnis, wenn man diese Zahl in Bezug zur gewonnenen Aussicht setzt. Eine optionale Klettersteig-Einlage motiviert auf der Runde auch größere Kids.

| mittel | 7 km | 4 Std. | 560 m |

Tourencharakter Sehr abwechslungsreiche Rundwanderung mit tollen Ausblicken aufs Inntal. Bei der Querung eines steilen Hanges müssen kleinere Kinder kurz an die Hand genommen werden. **Altersempfehlung** Ab 6 Jahren **Ausgangs-/Endpunkt** Wanderparkplatz bei Schweibern **GPS-Daten** 47°44'21.4"N 12°12'16.6"E **Anfahrt** Auf der A 8 bis Ausfahrt Achenmühle und weiter links Richtung Frasdorf; in Achenmühle rechts Richtung Törwang und dann links nach Grainbach; dort der Beschilderung Richtung Duftbräu folgen, an diesem vorbei und nach 800 m links zum Wanderparkplatz **Einkehr** Deindlalm und Laglerhütte auf der Daffnerwaldalm, täglich geöffnet von Mitte Mai bis Ende Oktober **Karte** Alpenvereinskarte 1:25 000, BY 17 Chiemgauer Alpen West **Information** Tourist-Info Samerberg, Tel. 08032/86 06, www.samerberg.de

Vom Wanderparkplatz aus folgt man einer vergleichsweise schmalen Forststraße, die ohne jegliche Orientierungsprobleme nach Südwesten bergauf führt. Hierbei kann man zwei weite Kehren der Straße auf Pfaden abkürzen. Nach einem kurz asphaltierten, da steileren Wegstück stößt man auf den breiten Fahrweg, der nach links zur Daffnerwaldalm führt. Diesen Fahrweg benutzen wir aber nicht, sondern überqueren die Straße und folgen somit dem Schild Richtung Heuberg/Mailach nach halbrechts. Kurze Zeit später erreicht man auch schon den wunderschönen Bergkessel der Mailachalm, über deren lieblichen Wiesen die steile, felsige Wasserwand beeindruckend aufragt.

Nachdem man flacher auf einem Wiesenpfad gewandert ist, geht es

Zum Schluss der Rundtour wandert man durch ein schönes Wiesental.

schließlich zur Sache. Wieder im Wald führt ein steiniger, alter Karrenweg deutlich steiler bergan. Schließlich erreichen wir einen Bergsattel und folgen hier links dem Schild Richtung Heuberg.

Der herrliche Bergpfad führt nun leicht ansteigend auf einem zunächst bewaldeten Bergrücken nach Süden. Nachdem es kurz steiler wird, überklettert man unschwierig einen kleinen Felsriegel und hat von jetzt an tolle Tiefblicke aufs Inntal. Zuletzt geht es in freiem Gelände nach Osten zum 1337 Meter hohen Gipfelkreuz hinauf.

Klettersteig

Mit trittsicheren Kids ab acht Jahren kann man auch die Wasserwand besteigen. Kurz nach Beginn des mit Stahlketten gesicherten Anstiegs kommt die Schlüsselstelle. Wer diese gemeistert hat, wird den Gipfel gut erreichen.

Übrigens ist die Namensherkunft des Berges nicht ganz eindeutig. Während manche glauben, dass seine grünen Wiesenhänge früher von den Bergbauern zur Heuernte gedient haben, meinen andere, der Berg habe damit nichts zu tun. Der Begriff »geheuter Berg«

sei vielmehr gleichbedeutend mit »geheiter Berg« was so viel wie verbotener Berg bedeutet. Eine verwunschene Stätte also, die es zu meiden gilt. Schließlich wurde eine hartherzige und hochnäsige Almerin namens Kundel am Heuberg einst samt ihrem Backofen in Fels verwandelt, weil sie einen hungrigen Wanderer verhöhnte und ihm kein Brot zu essen gab, sondern einen Stein hinwarf. Das Kalkstein-Duo Kundl und Backofen liegt allerdings nicht direkt auf den Anstiegen zum Heuberg.

Nach der ausgiebigen Gipfelbrotzeit führt unsere Heuberg-Runde zunächst nach Norden in den zwischen Heuberg und Wasserwand liegenden Bergsattel hinab, von wo aus absolut trittsichere Wanderer die Wasserwand besteigen können.

Von dem Sattel geht es nun nach Osten auf einem Erdweg hinab, der bei Nässe aber sehr matschig sein kann. Schließlich wandern wir weiter über freie Almwiesen zur Daffnerwaldalm, wo man von Mitte Mai bis Ende Oktober (ja nach Schneelage) auf der Deindlalm oder der Laglerhütte gemütlich einkehren kann.

Nach der optionalen Stärkung folgt man nicht dem Fahrweg nach links, sondern steigt weiter nach Osten auf deutlichem Weg über eine Almwiese hinab

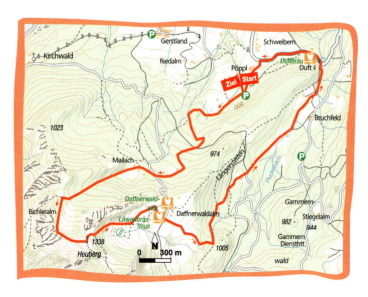

Auf dem Heuberg-Anstieg ist für kleinere Kids eine ganz kurze Kletterstelle zu meistern.

zum Waldrand. Über einen Zaunübertritt geht es in diesen hinein und auf schmalem Pfad weiter, bis man auf einen Querweg trifft. Diesem breiteren Hohlweg folgt man nach links und geht nun immer geradeaus weiter leicht bergab. Man kommt an einer im Wald gelegenen kleinen Alm vorbei. Dahinter geht es leicht bergan zu einer Kreuzung. Indem man weiter geradeaus geht, gelangt man bald auf eine größere Almfläche, wo von rechts ein schöner Bach hinzustößt. Das letzte Stück führt zum krönenden Abschluss direkt am Bergbach entlang, der als Zusatzschmankerl noch zwei hübsche Wasser-Kaskaden zu bieten hat, bevor man schließlich eine Autostraße erreicht.
Hier geht es nach links zur weiteren Einkehrmöglichkeit Duftbräu, von wo aus man zuletzt der Autostraße etwa 800 Meter zurück zum Wanderparkplatz folgt.

34 Wo der Kaiserschmarrn lockt

ZUR DOAGLALM

Die Hochries ist unumstritten das Highlight hier auf dem Samerberg. Aber unterhalb dieses oft überfüllten Gipfels gibt es herrliche Rundwege, die alles bieten, was man zu einer schönen Bergtour braucht. Aussicht, Ruhe und eine wunderbare Einkehrmöglichkeit.

| leicht | 7 km | 3 Std. | 550 m |

Tourencharakter Eine technisch leichte Bergtour auf Wegen und Bergpfaden **Altersempfehlung** Ab 5 Jahren **Ausgangs-/Endpunkt** Waldparkplatz Spatenau **GPS-Daten** 47°46'13.0"N 12°14'08.4"E **Anfahrt** Auf der A 8 zur Inntaler Autobahn A 93 bis Ausfahrt Nußdorf; durch Nußdorf weiter Richtung Neubeuern, 500 m nach dem Nußdorfer Ortsschild rechts zum Samerberg; über Rossholzen nach Essbaum, dort rechts weiter über Ried im Winkel zum Gasthaus Duftbräu, der Straße ca. 1 km weiter folgen, dann trifft man auf den großen gebührenpflichtigen Spatenau Waldparkplatz links der Straße. **Einkehr** Unterwegs gibt es die Doaglalm/Spatenau (Mo Ruhetag, in den Wintermonaten nur am Wochenende geöffnet), im Anschluss den Berggasthof Duftbräu. **Karte** Kompass 1:50 000, Nr. 10 Chiemsee **Information** Tourist-Info Samerberg, Tel. 08032/86 06, www.samerberg.de

Wir starten vom Parkplatz, queren die Straße nach rechts auf die Almzufahrtsstraße, die bereits zur Doaglalm beschildert ist. Durch den Wald geht es aufwärts. Bald kürzen wir auf einen steinigen Wanderpfad eine Serpentine der Straße ab. Wenn wir wieder auf diese treffen, folgen wir ihr weiter nach rechts, bis der Weg flacher wird und wir kurz vor der Doaglalm an einer Wegkreuzung im Almgebiet Spatenau stehen. Kaiserschmarrn-Aspiranten und Familien mit kleineren Kindern suchen wohl gleich die idyllisch auf einem Almboden gelegene Doaglalm auf. Wer noch etwas weiter wandern möchte, vor allem um eine schöne Aussicht zu genießen, wandert an dieser Kreuzung geradeaus, der

Jeder Baumstumpf wird zum Hochsitz oder Kletterstuhl.

Idyllisch liegt die Doaglam am Fuße der Hochries.

Beschilderung zur Hochries folgend. Nach gut 200 Metern folgen wir links dem breiten Weg, der nun relativ steil ansteigt. Rasch gewinnen wir an Höhe und dürfen uns bald über eine herrliche Aussicht freuen. Unter uns liegt der Samerberg mit seinen vielen Weilern und Bauernhöfen. Im Hintergrund das flache Rosenheimer Land, das uns in östlicher Richtung bereits Teile des Chiemgaus präsentiert. Wir folgen der kleinen Almstraße über zwei Kehren hinauf zu einem kleinen Sattel.

Hier lohnt sich ein Abstecher nach links über den kleinen Trampelpfad an den Rand der Almwiesen. Von hier ist die Aussicht am allerschönsten, denn sie reicht weit ins Alpenvorland hinein bis zum Chiemsee. Hier dürfen sich auch die Eltern einmal hinsetzen und nur noch genießen.

Dann steigen wir zur Wimmeralm hinunter und wandern bis zur nächsten Weggabelung. Geradeaus führt der Weg zum Hochries-Gipfel. Wir wenden uns jedoch nach rechts und steigen nun über eine Wiese steil bergab. Wenn es flacher wird, passieren wir zwei Almhütten und befinden uns wieder im Almgebiet der Spatenau. So stoßen wir an die Kreuzung, die wir vom Hinweg schon kennen und wandern hier nach links zur Doaglalm, um auf der sonnigen Terrasse den äußerst wohlduftenden, lockeren, luftigen und goldgelben Kaiserschmarrn zu genießen. Wobei die Speisekarte selbstverständlich noch viel mehr Auswahl bietet. Zurück zum Ausgangspunkt wandern wir zunächst wieder auf dem Hinweg und können dann die letzten Meter hinunter zum Parkplatz auch über einen schmaleren Wanderweg gehen.

Kaiserschmarrn-Eldorado

Familien mit Kleinkindern sparen sich natürlich den Rundweg und wandern direkt zur Doaglalm, wo der Kaiserschmarrn den Kids den Aufstieg versüßt.

35 Leichte Bergtour mit toller Aussicht

VON SACHRANG AUF DIE KARSPITZE

Die breite Wiesenkuppe der Karspitze ist nicht nur eine schöne Familientour, sondern auch ein idealer Übernachtungsplatz, um mit seinen Kindern eine Nacht unter freiem Himmel zu verbringen. Was in Tirol allerdings nicht offiziell erlaubt ist. Ärger wird man sicher dennoch nicht bekommen.

| leicht | 7 km | 3,5 Std. | 500 m |

Tourencharakter Abwechslungsreicher Aufstieg, bei dem stellenweise Trittsicherheit hilfreich ist. Trotz der geringen Gipfelhöhe ganz tolles Panorama.
Altersempfehlung Ab 5 Jahren **Ausgangs-/Endpunkt** Sachrang/Aschach **GPS-Daten** 47°41'01.0"N 12°15'37.9"E **Anfahrt** Auto: Über die A 8 bis Frasdorf und über Aschau nach Sachrang; am Ort links vorbei und erst beim gebührenpflichtigen Parkplatz (Schild »Müllner-Peter«) parken.
Bahn/Bus: Über Prien nach Aschau und mit dem RVO-Bus 9502 nach Sachrang; zu Fuß in 10 Min. zum Wanderparkplatz beim Müllner-Peter **Einkehr** Wildbichler Alm ganzjährig geöffnet (Mo Ruhetag)
Karte Alpenvereinskarte 1:25 000, BY 17 Chiemgauer Alpen West **Information** Tourist-Info Aschau, Tel. 08052/90 49-0, www.aschau.de

Vom Parkplatz aus wandert man an einem besonders schönen Bauernhaus vorbei. Hinter dem Hof geht es auf den Waldrand zu und auf breitem Fahrweg rechts bergauf. Nach einer Linkskurve nimmt man an einer Gabelung den rechten, weiterhin breiten Weg. Wir bleiben ein gutes Stück auf dem Fahrweg, an dem sich Wald- und Wiesenabschnitte abwechseln. An einer Rechtskurve ignorieren wir den links abzweigenden Weg. Der Anstieg wird in einem kurzen Waldstück steiler. Dann muss man etwas aufpassen. Wieder auf einer Lichtung verlässt man an der nächsten Linkskurve unbeschildert den Fahrweg nach rechts. Es geht flacher in den Wald hinein und über einen Zaunübertritt. Erst rechts davon findet

Leichte Bergtour mit toller Aussicht

Die sanfte Karspitze ist für eine erste Nacht unterm Sternenhimmel bestens geeignet.

man ein Schild Richtung Wildbichler Alm etwas versteckt an einem Baum. Nun folgen wir einem schönen, schmalen Bergweg steiler durch den Bergwald bergauf. An einem Querweg hält man sich den Wegweisern folgend nach links und gelangt bald aus dem Wald hinaus. Oberhalb des Waldrands folgt man nun einem zunächst ebenen Wiesenweg nach links, der schließlich als Pfad wieder steiler zur schön gelegenen Wildbichler Alm hinaufführt. Nicht zuletzt wegen der in Bezug zur schnellen

Nacht unterm Sternenzelt

Der kurze Anstieg und die recht geschützte Lage machen die Karspitze zum idealen Ziel für alle Familien, die (eine stabile Wetterlage vorausgesetzt) endlich einmal mit Schlafsack und Isomatte auf einem Gipfel übernachten wollen.

Unterhalb des Gipfelkreuzes kann man an einem Holztisch ideal Brotzeit machen ...

Erreichbarkeit phänomenalen Aussicht ist die Jausenstation (wir befinden uns mittlerweile auf österreichischem Terrain) an schönen Wochenenden sehr beliebt.

Hinter dem Almgebäude folgt man der breiten Almstraße ein Stück nach links (Beschilderung unter anderem »Wandberg/Karspitze«). Noch vor zwei rechts oberhalb stehenden großen Bäumen folgt man wiederum unbeschildert einem rechts abzweigenden Bergpfad.

Dieser quert zunächst leicht ansteigend einen steilen Wiesenhang und führt dann in weiterhin angenehmer Steigung durch den Wald. Nachdem man einen kleinen Bach gequert hat, wird der Weg breiter und man sieht bald eine Almstraße vor sich. Noch bevor man diese erreicht, folgt man weiter dem schönen

… während man von oben eine sensationelle Aussicht auf Inntal und Kaisergebirge hat.

Bergweg nach rechts. Der Anstieg wird steiler und kann bei Nässe hier auch etwas rutschig sein. Wir treffen auf einen etwas breiteren Bergweg und folgen diesem nach rechts. Schließlich geht es wieder flacher aus dem Wald hinaus in den östlich der Karspitze gelegenen Bergkessel. Hier wenden wir uns nach rechts, kommen an einem Brotzeittisch mit Brunnen vorbei und stehen keine zwei Minuten später am gut sichtbaren Holzkreuz, das eine großartige Aussicht auf das Inntal und das Kaisergebirge bietet.

Da das Kreuz nicht am Kulminationspunkt steht, lohnt es sich, nach rechts dem breiten Wiesenrücken bis zum eigentlichen Gipfel zu folgen. Von hier aus sieht man nämlich über die im Westen befindlichen Baumwipfel hinüber und kann somit ein Panorama genießen, das von den westlichen Chiemgauer Bergen mit Heuberg und Wasserwand über die Wendelsteingruppe bis zum Rofan und den Kitzbühler Alpen reicht. Bei guter Fernsicht ist auch der vergletscherte Alpenhauptkamm gut zu erkennen.

Für Kinder bietet hingegen der hügelige, breite Wiesenrücken mit seinem schönen Waldrand ideales Spielgelände. Haben sich alle sattgesehen bzw. ausgetobt, geht es auf dem Anstiegsweg wieder zur Wildbichler Alm und zum Ausgangspunkt zurück.

36 Bergerlebnis für die ganze Familie

AUF DIE HOCHPLATTE

Die Staffn-Alm ist ein Ausflugsziel für die ganze Familie. Dort beginnen sowohl kurze und einfache Wanderungen als auch größere Bergtouren, z. B. auf die Hochplatte. So kann die ganze Großfamilie vom Kleinstkind bis zu den Großeltern auf diesem Berg viel erleben und noch dazu die tolle Aussicht genießen.

Da die Tour heute doch etwas länger ist, empfehlen wir die bequeme Auf- und Abfahrt mit der Hochplattenbahn. So sparen wir uns eine Stunde Aufstieg und sind schnell an der Bergstation. Von dort sind es nur wenige Schritte zur Staffn-Alm. Das ist auch für Familien mit Kleinkindern oder Groß-

mittel   9 km   3,5 Std.   500 m

Tourencharakter Einfache Wanderung auf breiten Wanderwegen und Bergpfaden. Beim Aufstieg gibt es viel Schatten, nur die letzten Meter zum Gipfel sind sehr sonnig. Diese erfordern außerdem etwas Trittsicherheit. Der erste und letzte Teil der Wanderung wird durch die Hochplattenbahn abgekürzt. **Altersempfehlung** Ab 8 Jahren **Ausgangs-/Endpunkt** Talstation der Hochplattenbahn **GPS-Daten** 47°45'40.9"N 12°26'06.3"E **Anfahrt Auto:** Autobahn A 8 Richtung Salzburg bis Ausfahrt Bernau, dann weiter auf der B 305 über Grassau Richtung Reit im Winkl; in Marquartstein am Rathaus scharf rechts abbiegen, die Hochplattenbahn ist ausgeschildert und liegt im Ortsteil Niedernfels. **Bahn/Bus:** Bahnstrecke München–Salzburg, Bahnhof Prien am Chiemsee oder Übersee, von dort mit dem RVO-Bus Richtung Reit im Winkl bis Marquartstein; zusätzlicher Fußmarsch von 30 Min. **Preise** Berg- und Talfahrt Erwachsene 9 €, Kinder 5,50 € **Einkehr** Staffn-Alm (im Winter Mo, Di Ruhetag) **Karte** Kompass 1:50 000, Nr. 10 Chiemsee **Information** Tourist-Info Marquartstein, Rathausplatz 1, 83250 Marquartstein, Tel. 08641/69 95 58, www.marquartstein.de

Am Rückweg kurz vor der Piesenhauser Hochalm sehen wir die Kampenwand, zu der sehr ausdauernde Wanderer hinübermarschieren könnten.

eltern leicht zu schaffen. Diese starten von der Staffn-Alm auf den Bergwalderlebnisweg, der auf dem ehemaligen Staffn-Rundweg angelegt wurde. Alle mehr oder weniger Sportlichen machen sich auf den Weg zur Hochplatte. Und am Schluss trifft sich die ganze Familie nach einem entspannten Tag am Berg auf der Staffn Alm wieder.

Wer auf die Hochplatte möchte, wendet sich vor der Staffn-Alm nach links und folgt der Beschilderung Richtung Hochplatte/Kampenwand in den Wald. Zunächst geht es noch relativ eben auf einem breiten Wanderweg dahin. Dann steigt der Weg deut-

Grenzenloser Spaß

Dass die Staffn-Alm kinderfreundlich ist, merkt man sofort. Vor dem Haus gibt es einen Spielplatz mit Oldtimer-Traktor. Von dort startet man auch auf den Bergwalderlebnisweg, der wunderbar kind- und familiengerecht angelegt wurde. Auf dem 4,2 km langen Rundkurs gibt es jede Menge Mit-mach- und Erlebnisstationen. Auf uns warten Hängesessel, Butterfass, Klangspiel, Spechtbaum, Fernrohr, Spielehäuschen und nicht zuletzt die herrliche Drachenschaukel.

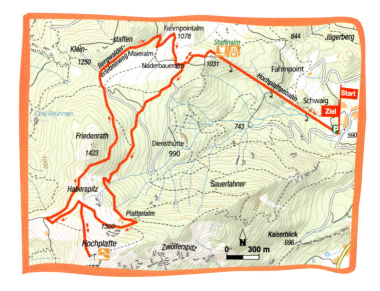

lich steiler an und führt über die private Plattenalm hinauf zu einem Sattel, dem Habernspitz. Hier erleben wir schon die ersten schönen Aussichten ins Achental und zur Kampenwand. Aber jetzt machen wir uns auf, den Gipfel zu erobern. Nach links biegen wir auf den kleinen Steig, der uns zwischen Bäumen empor zur Hochplatte bringt. Ein bisschen Trittsicherheit ist nun gefragt, der Weg steigt spannend über ein paar schrofige Felsen hinauf. An einer Stelle brauchen wir unsere Hände, aber das schafft wirklich jeder. Langsam geht der Wald in Latschen über und nach einem kleinen Wiesensattel erreichen wir das Gipfelkreuz der Hochplatte.

Die Aussicht von der Hochplatte ist fantastisch: Im Westen nutzen wir die Felsen der Kampenwand als Landmarke. Rechts von der Kampenwand steht die vorgelagerte Gedererwand, die genauso unbekannt ist wie unsere Hochplatte. Links davon finden wir die Bergstation der Kampenwand-Seilbahn und auf der anderen Seite des tiefen Dalsentales den Weitlahnerkopf. Im Hintergrund stehen Klausenberg und weiter nach Süden der Spitzstein. Dann folgen Geigelstein, Breitenstein und der Gipfel der Rudersburg. Im Hintergrund stehen Kaisergebirge und Kitzbühler Horn vor den Hohen Tauern. Der Berg mit den vielen Skiabfahrten über dem Tal der Ache ist das Unterberger

Bergerlebnis für die ganze Familie

Horn, dann folgen das Fellhorn und die Steinplatte vor den Loferer und den Leoganger Steinbergen. Die Waldberge zwischen Reit im Winkl und Ruhpolding werden schließlich vom Hochgern und vom Hochfelln im Norden begrenzt, dann öffnet sich der Blick über die Kendlmühlfilze auf den Chiemsee und auf das Alpenvorland.

Nach einer so wunderbaren Schaurast steigen wir auf dem Anstiegsweg bis zum Sattel zurück, wenden uns dann aber nach links. Zurück zur Staffn-Alm wollen wir nämlich einen Rundweg machen. Wir wandern etwas auf die Piesenhauser Hochalm zu, biegen aber ein gutes Stück vorher rechts auf den schmaleren Weg ein, der Richtung Staffn-Alm/Friedenrath beschildert ist. Der Friedenrath ist ein weiterer kleiner Gipfel, an dessen Fuß unsere Wanderung vorbeiführt. Schließlich stoßen wir auf eine breitere Forststraße. Auf ihr wenden wir uns ein kurzes Stück nach links und treffen so ebenfalls auf den Bergwalderlebnisweg, der uns nun die letzten Meter hinunter zur Staffn-Alm unterhaltsam begleiten wird.

Links: Wer schon mehrere Bergtouren geschafft hat, wird über die vielen verschiedenen Zaunübergänge, die sogenannten Viehtritte erstaunt sein. Rechts: Der geschnitzte Adler ziert die Staffn-Alm.

37 Spielend am Wasser entlang zur urigen Einkehr

AUF DEM WALDBAHNWEG ZUR HARBACHALM

Eigentlich ist der Weg zur Harbachalm nicht sehr weit. Aber entlang der vorderen Schwarzache bremsen uns viele Stellen zum Spielen am Wasser aus. Und dann lockt noch die leckere Küche in die urige Hütte. Zum Glück gibt es dort genügend grüne Wiesen, sodass die Kinder weiter sausen dürfen.

Ausgangspunkt unserer Wanderung ist der Parkplatz am Ende des Reiterwegs, der übrigens seinen Namen von der Reiteralm bekommen hat, über die wir, je nach Lust und Laune, auch zurückwandern können. Wir nehmen zunächst die für den öffentlichen Verkehr gesperrte Forststraße und halten uns an der Straßengabelung nach etwa 150 Metern rechts. Nochmals

leicht   3,6 km   2,5 Std.   200 m

Tourencharakter Der Weg zur Alm entlang der Vorderen Schwarzachen ist als ehemalige Bahntrasse gut ausgebaut. Allerdings muss man im Frühjahr mit Eis und Schneeresten rechnen und nach Starkregen mit Überschwemmungen. Ausweichmöglichkeit über die Forststraße. **Altersempfehlung** Ab 5 Jahren **Ausgangs-/Endpunkt** Parkplatz am Reiterweg in Weißbach **GPS-Daten** 47°43'32.4"N 12°45'29.7"E **Anfahrt** Von Inzell auf der B 305 Richtung Berchtesgaden; in Weißbach kommt man an der Ortseinfahrt zuerst an einen Parkplatz rechts neben der Straße, etwa 200 m weiter biegt rechts in spitzem Winkel zurück eine Straße, der Reiterweg ab, er führt über die Weißach und an seinem Ende, wo er in die für den öffentlichen Verkehr gesperrte Forststraße übergeht, gibt es einen Parkplatz. **Einkehr** Harbachalm, geöffnet Mitte Mai bis Oktober **Karte** Kompass 1:50 000, Nr. 14 Berchtesgadener Land, Chiemgauer Alpen **Information** Tourist-Info Schneizlreuth, 83458 Schneizlreuth, Tel. 08665/7489, www.schneizlreuth.de

An einem warmen Frühlingstag ist die Harbacher Alm ein begehrtes Ausflugsziel.

100 Meter danach zweigt, wieder rechts, ein schmaler Pfad ab, der uns abwärts zum kleinen Fluss Vordere Schwarzachen bringt. Das Schild »Begehen auf eigene Gefahr« sollte uns nicht zu sehr ängstigen. Im Frühjahr kann noch lange Schnee und Eis den Weg versperren und bei Hochwasser und Überschwemmung nach starken Regenfällen ist es ratsam eine andere Tour zu wählen.

Wir stoßen wieder auf einen schönen, breiten Weg, dem wir nach links folgen. Fast unmerklich ansteigend, führt er an dem wildromantisch plätschernden Wasser entlang aufwärts. Wir sind jetzt auf der ehemaligen Waldbahn unterwegs. Solche Wege mit ganz gleichmäßiger sanfter Steigung lassen vermuten, dass sie zu früheren Zeiten für eine Bahn gebaut waren. Das bestätigen uns rasch die interessanten Informationstafeln entlang des Weges. Sie erzählen von der Bedeutung des Holzes für die Salzge-

Natur-Spielplatz

Dieser Weg ist einfach perfekt für uns! Entlang des Wassers ist es immer kurzweilig und auf der anderen Seite der Almstraße befindet sich die »Bärenhöhle«. Das ist zwar nichts anderes als ein Stück Berghang, der kräftig erodiert ist, aber durch dicke Luftwurzeln sieht er fast wie eine Höhle aus. Ein unglaublich faszinierender Spielplatz!

Die Bäckinger Triftklause an der Vorderen Schwarzache

winnung in Bad Reichenhall und Traunstein und erklären den Grund, warum diese Bahntrasse gebaut wurde. Bald erreichen wir die erste Triftmauer, die Bäckinger Klause, die für die einstige Holzarbeit errichtet wurde. Diese Klause ist nur noch zur Hälfte erhalten. Den linken Teil hat man für den Bau der Bahntrasse weggesprengt. Trotzdem können wir uns gut vorstellen, welche Wassermassen für die Trift hier gespeichert werden konnten, denn das ganze Tal war bei einem Stau bis zur Dammkrone hinauf überflutet.

Wir wandern an der Klause vorbei und kommen an eine Stelle, an der von links her eine Forststraße das kleine Tal kreuzt. Das ist die Straße, die wir unten, kurz nach Beginn unserer Wanderung, verlassen haben. Jetzt geht es nach rechts, über den Bach und nun deutlich steiler hinauf. Aber nach etwa

Das Wasser sprudelt durch die Schwarzachenklamm bei Weißbach an der Alpenstraße.

15 Minuten haben wir unser Ziel, die Harbach Alm erreicht. Die Harbachalm wird, abhängig vom Wetter, von Mai bis Oktober mit Jungvieh bestoßen. In dieser Zeit sind auch die Senner Hedwig und Michael Bauregger auf der Alm. Sie kümmern sich ums Vieh und, wie sollte es anders sein, um die vielen Gäste, die sich die Alm zum Ziel genommen haben. Es gibt verschiedene kleine Gerichte, aber vor allem die Pressknödel sind ein Gedicht, das man sich nicht entgehen lassen sollte. Ab der Harbacher Alm können wir nach Lust und Laune die Tour fortsetzen oder zurückkehren. Entweder gehen wir entlang der Schwarzachen, also auf gleichem Weg, zurück. Wir können aber auch die Forststraße ab der Bäckinger Klause für die Rückkehr benutzen. Und wer sich noch ein wenig auslaufen will, der geht von der Alm aus bergauf und folgt dann dem neu ausgebauten Weg links abwärts zur Hientalklause, die noch gut in ihrer alten Form erhalten ist. Das älteste Stauwerk an dieser Stelle wurde bereits 1624, allerdings aus Holz, gebaut. Von hier führt ein Weg aufwärts zur Reiteralm, die ebenfalls nur im Sommer bewirtschaftet ist. Dort geht es dann auf einer Forststraße zu unserem Ausgangspunkt zurück.

Gletscherschliff

Ganz in der Nähe von Weißbach liegt eine interessante geologische Formation unmittelbar an der deutschen Alpenstraße. Der Weißbacher Gletschergarten. Hier haben die Gletscher der Eiszeit deutlich ihr Spuren im Felsen hinterlassen.

Wissenswertes auf dem Almerlebnisweg

ZUR MORDAUALM

Eigentlich besteht die Mordaualm aus zwei Almhütten, dem Kederbachkaser und dem Hinterkeilhofkaser. Beide liegen nebeneinander im Lattengebirge und werden von zwei verschiedenen Almbauern bewirtschaftet. Mit fantastischem Blick auf den Hochkalter und seine Blaueisgletscherzunge kann man zu einer Bergbrotzeit perfekt einkehren.

Wir starten unsere Wanderung vom Wanderparkplatz aus und folgen dem Wanderweg in Richtung Ramsau, der parallel zur großen Alpenstraße verläuft. Nach wenigen Metern queren wir die kleine Straße, die nach Hintersee führt, und wandern zunächst fast eben durch den Wald zum idyllischen Taubensee. Eine kleine Schaurast können wir an dem Steg einlegen, denn im

leicht   7,5 km   2 Std.   300 m

Tourencharakter Sehr einfache Wanderung auf gut gepflegten Wegen. Der Rückweg erfolgt auf dem Hinweg. **Altersempfehlung** Ab 4 Jahren   **Ausgangs-/Endpunkt** Parkplatz Wachterl/Gemeinde Ramsau   **GPS-Daten** 47°38'18.7"N 12°51'13.0"E   **Anfahrt** **Auto:** Autobahn A 8 Richtung Salzburg bis Ausfahrt Siegsdorf, dann weiter nach Inzell und auf der B 305 über Weißbach, Schneizlreuth Richtung Ramsau; vor der Abzweigung zum Hintersee die Wanderparkplätze bei der Schwarzbachwacht nutzen. **Bahn/Bus:** Mit der Bahn bis Berchtesgaden und weiter mit Buslinie 846 bis in die Ramsau (Abfahrtszeiten vorab an der Tourist-Info erfragen, der Bus fährt nicht regelmäßig)   **Einkehr** Mordaualmen, nur im Sommer bewirtschaftet   **Karte** Kompass 1:50 000, Nr. 14 Berchtesgadener Land   **Information** Tourist-Info Ramsau, Im Tal 2, 83486 Ramsau, Tel. 08657/98 89 20, www.ramsau.de

Wissenswertes auf dem Almerlebnisweg

Bis zur Mordaualm kann man sogar mit dem Kinderwagen fahren.

Wasser spiegelt sich der Hochkalter. Je nach Jahreszeit wabert am Ufer der Froschlaich oder es wuseln Tausende schwarze Kaulquappen in Ufernähe. Im Sommer gibt es Seerosen und viele Libellen. Ein kleines Stück weiter nähern wir uns wieder der Alpenstraße, nach links können wir durch einen kleinen Fußgängertunnel sicher auf die andere Seite wechseln. Hier beginnt nun unser Aufstieg zu den Mordaualmen. Der Weg ist identisch mit dem ersten Abschnitt des

Lust auf mehr?

Wer mit größeren Kindern unterwegs ist, kann von den Mordaualmen dem Almerlebnisweg weiter folgen. Der Großteil dieses Rundweges liegt dann aber noch vor uns und führt über die Karschneid und die Moosenalm zu unserem Ausgangspunkt (insgesamt 4,5 Std. Gehzeit und 700 Höhenmeter).

Almerlebniswegs. Eine große Molkerei hat dafür Informationstafeln aufstellen lassen, auf denen wir heute viel Wissenswertes über die Geologie, die Almen und das Leben am Berg erfahren

Wir wandern nun auf der sonnigen Zufahrtsstraße bergauf und erreichen mit herrlicher Aussicht auf Hochkalter und Watzmann die Mordaualmen.

Hier kehren wir ein und genießen die zwei idyllisch gelegenen Almen. Der Kederbachkaser ist die ältere Alm und durch ihre Bauform etwas ganz Besonderes. Es handelt sich um einen Rundumkaser. Dort ist der Wohnraum im Zentrum des Gebäudes und wird vom Stall umgeben. Der Hinterkeilhofkaser liegt, nomen est omen, etwas dahinter. Hier sitzt man windgeschützt gemütlich vor der Alm, die überdies äußerst liebevoll von Blumen geschmückt ist. In ungefähr 30 Minuten kann man noch ein Stück weiter hinauf bis zum Sattel an der Karschneid steigen – sehr lohnenswerte Aussicht! Der Rückweg ist identisch mit dem Hinweg.

Wissenswertes auf dem Almerlebnisweg

Frische Milchprodukte und leckeren Käse gibt es auf der Mordaualm.

Die Mordaualmen bestehen aus zwei Almgebäuden, einem sehr alten Rundkaser und der neueren Kollerhütte.

39 Alles Käse oder was?

AUF DIE HALSALM

Die kleine Halsalm liegt oberhalb des Hintersees. Sie ist jedoch kein Berggasthof, sondern eine richtige kleine Alm, die mit viel Leidenschaft von einer Sennerin betrieben wird. Dafür können wir dort echten Bergkäse testen. Die Milch dazu liefern die Kühe, die um die Alm grasen.

Gleich hinter dem südlichen Ende des Parkplatzes erreichen wir die Schranke, die den Zugang zum Klausbachtal im Berchtesgadener Nationalpark für den öffentlichen Verkehr sperrt. Für uns Fußgänger steht der Weg natürlich frei, und so sind wir gleich darauf am Informationshaus des Nationalparks. Es ist in einem wunderschönen alten Hof, dem Klausbachhof, untergebracht und ein Besuch lohnt sich natürlich. Verführerisch ist vor allem das Freigelände hinter dem Haus. Auf dem Naturerlebnisweg gibt es für Kinder

| mittel | 6,5 km | 3 Std. | 500 m |

Tourencharakter Eine Wanderung bergauf auf breiten Waldwegen, bergab auch auf schmalen Pfaden. Nach einer Regenperiode besser in umgekehrter Richtung wandern **Altersempfehlung** Ab 6 Jahren **Ausgangs-/Endpunkt** Wanderparkplatz Hintersee/Hirschbichlstraße **GPS-Daten** 47°35'56.5"N 12°50'36.8"E **Anfahrt Auto:** Autobahn A 8 Richtung Salzburg bis Ausfahrt Siegsdorf, dann weiter nach Inzell und auf der B 305 über Weißbach, Schneizlreuth Richtung Ramsau; rechts der Beschilderung zum Hintersee folgen; am See entlang fahrend, erreichen wir ca. 1 km nach dem südlichen Seeende den gebührenpflichtigen Parkplatz in der Hirschbichlstraße am Beginn des Klausbachtales. **Bahn/Bus:** Mit der Bahn bis Berchtesgaden oder Bad Reichenhall, weiter mit Bussen **Einkehr** Halsalm, nur von Juli bis Ende September geöffnet **Karte** Kompass 1:50 000, Nr. 14 Berchtesgadener Land **Information** Tourist-Info Ramsau, Im Tal 2, 83486 Ramsau, Tel. 08657/98 89 20, www.ramsau.de

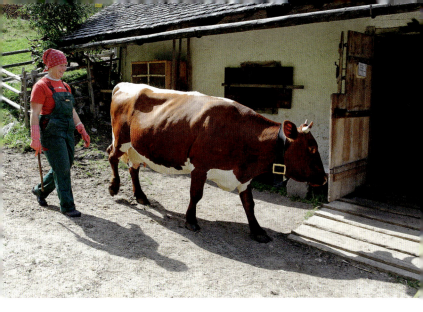

Abends bringt die Sennerin der Halsalm ihre Kühe zum Melken in den Stall.

viel zu erkunden: Dort wartet ein Barfußpfad auf uns, wir können auf Holzbalken balancieren, uns in ein Flüsterhaus setzen, mit einem Baumtelefon telefonieren oder auf einem Holzxylophon musizieren. Da müssen wir Eltern selbst entscheiden, ob wir dieses Highlight mit unseren Kindern nicht besser erst nach der Wanderung – sozusagen als Zuckerl zum Finale – ansteuern.

Wir wandern ein kurzes Stück weiter ins Klausbachtal, dann weist uns rechts ein Schild auf eine kleine Almstraße zur Halsalm. Nicht gerade sanft geht es gleich zur Sache. Zum Glück ist der Weg anfangs schattig, das erleichtert den Aufstieg. Bald haben wir herrliche Ausblicke bis zum Talschluss und zu den Bergen der Reiteralpe. Von links zweigt einmal der Böselsteig ab, diesen ignorieren wir und bleiben auf unserem Forstweg.

Aufkranzt ist!

Eine tolle Gelegenheit, die Halsalm zu besuchen, ist natürlich der Tag des Almabtriebs. Dann gibt es zwar keinen Käse und nichts zu trinken, denn die Sennerin und ihre Helfer sowie der Bauer sind schwer beschäftigt. Aber das Spektakel, wenn die vielen Kühe mit buntem, aufgekränztem Zierschmuck auf den Hörnern ins Tal ziehen, ist wirklich sehenswert.

Nach ein paar Kehren wird es flacher und wir erreichen an einem Viehgatter eine Almwiese. Von einem Marsch direkt über die Wiese wird mit der Warnung vor Kreuzottern abgeraten, was uns übrigens auch die Sennerin der Halsalm bestätigt hat. Fast eben gehen wir immer noch auf dem Forstweg an einer kleineren Almhütte vorbei und erreichen schließlich von oben die Halsalm.

Vor der Hütte stehen einige Holztische und Bänke. Um Getränke, Schinkenbrote oder den leckeren Käse zu bekommen, muss man durch den Stall gehen und an der Türe der Sennerin klopfen. Sie produziert den Käse (Frischkäse, Graukäse und Bergkäse) sowie die Buttermilch selbst. Ab 17 Uhr ist aber geschlossen, denn dann muss sie

Adlerpfiffe

Das Klausbachtal ist die Heimat von einigen wenigen, seltenen Steinadlerpärchen. Der Park-Ranger am Nationalparkhaus verrät euch bestimmt, ob und wo sie dieses Jahr nisten. Mit etwas Glück sind das die Felswände oberhalb der Halsalm. Aber egal, wo sie nisten, wenn ihr aufmerksam seid, könnt ihr die Adlerpfiffe sicher gut hören!

Alles Käse oder was?

Kinder lieben die weiten Almflächen rund um die Halsalm.

sich um ihre Kühe kümmern, die bereits mit vollen Eutern vor der Stalltüre warten.
Aber nicht nur die Kühe und die Brotzeit überraschen. Der Ausblick über den Hintersee und die Ramsau auf den Hohen Göll ist postkartenverdächtig. Wer seine Brotzeit selbst mitgebracht hat, findet ein Stückchen weiter neben dem Almkreuz einige Rastbänke. Hierher müssen wir auch für unseren Abstieg. Auf dem schmalen Pfad, der am Kreuz vorbeiführt, geht es dann nämlich wieder bergab. Nach einigen Kehren und Stufen erreichen wir eine Abzweigung. Diesmal halten wir uns rechts hinunter Richtung Hintersee/Antoniuskapelle. Steil abwärts stoßen wir dann ziemlich unten im Tal an einen querenden Weg etwas oberhalb der Wohnhäuser und Gaststätten am Hintersee. Hier halten wir uns wenige Meter links, bleiben dann aber entlang des Maschenzaunes, in Waldrandnähe, und gehen die letzten Meter bergab. So erreichen wir wieder den See. Zum Finale geht es auf der Seepromenade zurück bis zum Startplatz – und vielleicht ist ja jetzt noch ausreichend Zeit für den Naturerlebnisweg am Informationszentrum!

Spiele im Wald und auf der Wiese

Balancieren auf umgefallenen Baumstämmen macht immer Spaß. Es fördert das Gleichgewichtsgefühl und die Bewegungskoordination. Besonders spannend ist es, wenn der Stamm einen kleinen Bach überspannt. Barfuß macht das Balancieren auf Stämmen am meisten Spaß. Eine nette Aufgabe: Zwei Gruppen von Kindern, die an den Enden des Stammes stehen, müssen ihre Plätze tauschen – natürlich ohne herunterzufallen.

Einem Baum begegnen. Einem Kind werden die Augen verbunden und es wird an einen Baum herangeführt. Durch Fühlen soll das Kind seinen Baum gut kennenlernen. Anschließend wird das Kind wieder zum Ausgangspunkt zurückgeführt. Nun wird die Augenbinde abgenommen und der eigene Baum gesucht. Bei mehreren Kindern ist es nett, wenn alle erst ihren Baum kennenlernen und dann gleichzeitig suchen. Die fertigen Kinder sollten bis zur Suche abgelenkt werden.

Öko-Memory. Bei diesem Klassiker gibt es zwei Varianten. Bei der ersten wird mit vier Ästen auf dem Waldboden ein Rechteck abgegrenzt. Hinein legt man viele verschiedene Naturgegenstände. Jedes Kind prägt sich

gut ein, was herumliegt und wo sich die Gegenstände befinden. Dann muss das Kind kurz weggehen und man verändert die Lage von zwei bis vier Dingen. Aufgabe ist es nun, die Veränderungen aufzuspüren. Bei der zweiten Variante sammelt man zehn verschiedene Waldgegenstände, legt sie auf ein großes Tuch und deckt sie mit einem anderen Tuch ab. Dann werden die Gegenstände kurz aufgedeckt. Aufgabe ist es, die gemerkten Gegenstände in der Umgebung zu suchen.

Auch Weide- und Almflächen sind zum Spielen bestens geeignet. Allerdings mit der Einschränkung, dass das Gras noch nicht zu hoch sein darf, bzw. dass keine Kühe auf der Weide sind.

Bei Mein Stein sucht sich jedes Kind einen schönen Stein und merkt sich, wie sich dieser anfühlt. Ein Erwachsener sammelt die Steine ein. Alle setzen sich im Kreis und schließen die Augen. Der Spielleiter gibt einen Stein nach dem anderen an einen der Sitzenden. Das Kind befühlt den Stein und gibt ihn weiter – außer wenn es den eigenen Stein wiedererkennt. Das nächste Kind macht es genauso. Die Steine werden so lange weitergegeben, bis jeder seinen Stein wieder hat.

Beim Tastsack sammelt ein Erwachsener möglichst unauffällig auf der Wanderung verschiedene Naturgegenstände. Diese werden in einen großen Beutel gegeben. Nacheinander versuchen die Kinder durch Tasten herauszukriegen, was sich im Beutel befindet. Was ertastet wird, wird aufgeschrieben oder einem Erwachsenen ins Ohr gesagt. Dann kommt das nächste Kind dran. Gewonnen hat, wer am meisten Sachen richtig ertastet hat.

40 Rundtour am tosenden Wasser

DURCH DIE ALMBACHKLAMM

Bei dieser Wanderung kommt sicherlich keine Langeweile auf. Sehr abwechslungsreich führt die Rundtour entlang einiger Sehenswürdigkeiten wie die Kugelmühle, die Wallfahrtskirche Ettenberg und natürlich die Almbachklamm selbst.

Wir wandern vom Parkplatz in Richtung Kugelmühle. Dort können wir vor Beginn unserer eigentlichen Tour mit einer Besichtigung starten. Im Was-

| mittel | 7,5 km | 3 Std. | 450 m |

Tourencharakter Eine vor allem für den Sommer optimale Tour. In der Klamm ist es schön schattig und der Aufstieg nach Ettenberg liegt im Wald. Jacke nicht vergessen! Etwas Vorsicht ist sowohl in der Klamm (rutschig und niedrige Geländer) als auch beim Abstieg über die Hammerstielwand geboten. Kleine Kinder gehören hier an die Hand oder an ein Seil! **Altersempfehlung** Ab 5 Jahren **Ausgangs-/Endpunkt** Wanderparkplatz Hintersee/Hirschbichlstraße **GPS-Daten** 47°40'13.5"N 13°01'53.0"E **Anfahrt** **Auto:** Von München auf der A 8 Richtung Salzburg bis Ausfahrt Reichenhall und weiter auf der B 20 über Reichenhall und Berchtesgaden Richtung Marktschellenberg; die Klamm ist ausgeschildert und liegt drei Kilometer südlich von Marktschellenberg; es gibt Parkplätze. **Bahn/Bus:** Mit der Bahn bis Berchtesgaden oder Bad Reichenhall, weiter mit Bussen **Öffnungszeiten** Von Mai bis Oktober täglich 8–18 Uhr, bei schlechtem Wetter können sich die Öffnungszeiten ändern **Preise** Erwachsene 3 €, Kinder 6–16 Jahre 1,50 € **Einkehr** Am Ausgangspunkt liegt das Gasthaus Kugelmühle mit einem malerischen Biergarten und Spielplatz; nach dem Aufstieg aus der Klamm können wir uns beim Mesnerwirt (Mo Ruhetag) neben der Ettenberger Wallfahrtskirche stärken **Karte** Kompass 1:50 000, Nr. 14 Berchtesgadener Land **Information** Tourist-Info Marktschellenberg, Salzburgerstraße 2, 83487 Marktschellenberg, Tel. 08650/98 88 30, www.marktschellenberg.de

Die Kugelmühle ist in Betrieb.

serlauf des Almbaches dreht und spritzt das Wasser über die Kugelmühlen. Einst gab es 40 dieser Art und sie waren ein kleiner Wirtschaftszweig, der vor allem bei den ärmeren Bergbauern für eine zusätzliche Verdienstmöglichkeit sorgte. In den besten Zeiten wurden im Jahr an die 800 Zentner (ein Zentner waren ungefähr 10 000 Kugeln) Murmeln, auch Schusser oder Marmeln genannt, durch Wasserkraft produziert. Heute wird die Kugelmühle von den Wirtsleuten des Gasthauses für Gäste und Touristen betrieben. Die marmornen Kunstwerke gibt es am Kiosk zu kaufen. Gleich hinter der Mühle liegt der Eingang zur Klamm, durch die bis in die 60er-Jahre hinein noch Baumstämme zur Holzverarbeitung gedriftet wurden. Es gibt nur den einen Weg in die Klamm, wir können uns also nicht verlaufen.

Mehr Wasser?

Im Sommer, wenn es richtig warm ist, könnt ihr nach der Wanderung noch ins Freibad von Marktschellenberg hüpfen! Es hat abends bis 19 Uhr geöffnet.

Auf gut gesicherten Stegen, Wegen und Brücken geht es nun am rauschenden und brodelnden Wasser entlang. Das Wasser umtost Gesteinsbrocken, bildet tiefgrüne klare Gumpen, plätschert auch mal sacht dahin und stürzt im nächsten Augenblick über einen Wasserfall in die Tiefe. Wasser kommt nieselnd von oben, die Felswände ragen steil über unseren Köpfen empor. Hier können wir uns die Kraft des Wassers leicht bildlich vorstellen und verstehen. Im Laufe der Millionen Jahre hat das Almbachwasser durch mitführendes Geröll das Bachbett so tief im Gestein ausgehöhlt, dass diese Klamm entstand. Je weiter wir nach oben gelangen, umso mehr beruhigt sich das Wasserspektakel. Wir erreichen die Abzweigung nach Ettenberg am Steg 17. Hierher kommen wir gleich wieder zurück. Zuerst geht es noch zwei Stege weiter bis zum Sulzer Wasserfall (Steg 19). Dann drehen wir um und gehen zurück zur Abzweigung nach Maria Ettenberg. Wem der Aufstieg zu steil ist, der kann an dieser Stelle die Tour natürlich abkürzen. Er wandert einfach wieder auf dem Hinweg aus der Klamm hinaus.

Jetzt steht der anstrengendere Teil der Wanderung bevor. Wir steigen durch den schattigen Bergwald steiler aufwärts und erreichen bald wieder freie Wiesen. Dort liegen dann auch schon das Traditionsgasthaus, der Mesnerwirt, und die barocke Ettenberger Wallfahrtskirche, unsere nächsten beiden Ziele. Jetzt können wir einkehren, die Aussicht genießen und das bunte Deckenfresko in der Kirche ansehen. Es zeigt Esther vor König Ahasver, der im Sultansgewand auf einem Löwenthron residiert.

Dann ist Zeit für den Abstieg. Zunächst folgen wir dem Wiesenweg, der ganz in der Nähe des Kirchleins beginnt. Er ist mit dem Schild »Über Hammerstielwand nach Marktschellenberg/Kugelmühle« gekennzeichnet. Nun geht es flott über viele Stufen und Kehren auf einem schmalen Bergpfad entlang der Hammerstielwand hinab. Etwas trittsicher sollte man dafür sein! Unten treffen wir direkt am Gasthaus Kugelmühle wieder auf den Ausgangspunkt.

Kletterfreuden

Etwas südlich der Kugelmühle liegt ein netter Hochseilgarten (Allweggasse, 83471 Berchtesgaden-Unterau) mit drei verschiedenen Ebenen. Infos unter www.raft-mit.de.

Am Ende der Tour liegt die Berchtesgadener Ache direkt neben dem Startplatz und lädt zum Verweilen ein.

Tourenüberblick

		Tour	🕐	🥾	⛰️
1	leicht	Walderlebniszentrum Ziegelwies	1,5 Std.	3,5 km	130 m
2	mittel	Schnalzberg und Ammerschlucht	3,5 Std.	10,5 km	280 m
3	mittel	Steckenbergkreuz und Schleifmühlenklamm	2 Std.	5,5 km	250 m
4	schwer	Ettaler Manndl	4 Std.	7 km	↑100 m ↓750 m
5	schwer	Notkarspitze	6 Std.	11 km	1200 m
6	leicht	Veste Schaumburg in Ohlstadt	2,5 Std.	5,5 km	250 m
7	leicht	Kochelbergalm und Riessersee	2 Std.	6,5 km	300 m
8	leicht	Wettersteingebiet	2 Std.	3,5 km	↓500 m
9	mittel	Partnachklamm	2,5 Std.	6,5 km	280 m
10	mittel	Kranzberg	4 Std.	12 km	600 m
11	schwer	Herzogstand und Heimgarten	5 Std.	10 km	↑300 m ↓1100 m
12	mittel	Jochberg	3,5 Std.	6 km	715 m
13	mittel	Stutzenstein	2,5 Std.	9 km	450 m
14	mittel	Hirschhörnlkopf	4 Std.	10 km	700 m
15	leicht	Blomberg und Zwiesel	1,5 Std.	6 km	↑200 m ↓500 m
16	leicht	Sonntraten	2 Std.	4 km	340 m
17	leicht	Brauneck	2,5 Std.	4 km	300 m
18	leicht	Hochalm	8 Std.	8 km	650 m
19	schwer	Sonnbergalm und Roßstein	5 Std.	6 km	850 m
20	schwer	Leonhardstein	3,5 Std.	7,5 km	680 m

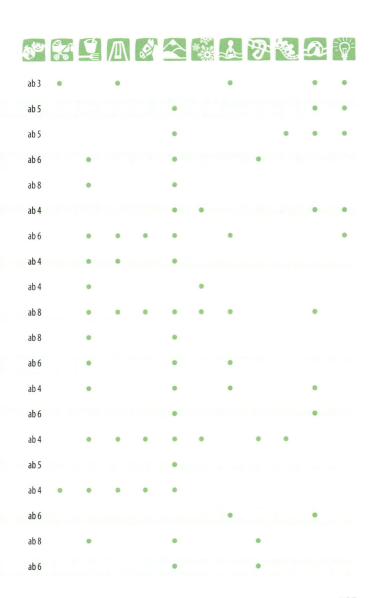

		Tour	🕐	🥾	🏔
21	leicht	Wassererlebnisweg Weißachau	2,5 Std.	4,8 km	0 m
22	mittel	Suttenstein und Stümpfling	3,5 Std.	9 km	650 m
23	leicht	Josefstal	2,5 Std.	7 km	250 m
24	leicht	Schliersbergalm	1,5 Std.	6,5 km	380 m
25	mittel	Wendelstein	5 Std.	8 km	850 m
26	leicht	Bergcafé Siglhof	2 Std.	4 km	280 m
27	schwer	Vogelsang und Kleiner Traithen	2,5 Std.	4 km	400 m
28	leicht	Tregler Alm	3 Std.	6 km	500 m
29	leicht	Hocheck	1 Std.	4 km	200 m
30	leicht	Gießenbachklamm und Schopperalm	2 Std.	4,5 km	200 m
31	leicht	Kranzhorn	3 Std.	6 km	450 m
32	leicht	Brennkopf	4 Std.	8 km	700 m
33	mittel	Heuberg	4 Std.	7 km	560 m
34	leicht	Doaglalm	3 Std.	7 km	550 m
35	leicht	Karspitze	3,5 Std.	7 km	500 m
36	mittel	Hochplatte	3,5 Std.	9 km	500 m
37	leicht	Harbachalm	2,5 Std.	3,6 km	200 m
38	leicht	Mordaualm	2 Std.	7,5 km	300 m
39	mittel	Halsalm	3 Std.	6,5 km	500 m
40	mittel	Almbachklamm	3 Std.	7,5 km	450 m

Alter	👦	👶	✋	🎵	✏️	⛰️	❄️	🏖️	🦋	🐚	🐠	💡
ab 3	•	•	•			•					•	•
ab 7		•	•		•							
ab 5	•										•	•
ab 4		•	•		•	•	•		•			
ab 8		•			•							•
ab 4	•	•	•		•						•	
ab 7		•			•			•				
ab 5		•	•		•	•					•	
ab 3		•	•		•			•	•			
ab 4		•	•	•							•	
ab 6		•	•		•							
ab 6		•			•		•					
ab 6		•			•							
ab 5	•	•	•		•	•						
ab 5		•			•							
ab 8		•	•		•							•
ab 5		•									•	
ab 4	•	•			•							•
ab 6		•	•		•							
ab 5		•			•							•

Register

Almbachklamm 182
Almerlebnisweg Mordau-
  alm 172
AlpspiX 40
Auwaldpfad Ziegelwies 12

Bad Feilnbach 128
Barfußpfad Kranzberg 48
Bayrischzell 118
Bergwaldpfad Ziegelwies
  12
Bergcafé Siglhof 118
Bergwalderlebnisweg
  Staffn-Alm 165
Blomberg 70
Bobbahn Ohlstadt 32
Brauneck 78
Buchstein 89, 91
Burgruine Schaumburg 32

Daffnerwaldalm 154
Doaglalm 156
Duftbräu 155

Ettaler Manndl 25-27

Füssen 12

Garmisch 40, 44
Genuss-Erlebnisweg Wetter-
  steingebirge 43
Giessenbachklamm 136
Gletscherschliff 171

Halsalm 176
Harbachalm 168
Hechtsee 138
Heimgarten 56, 58
Herzogstand 56, 57
Heuberg 152
Hintersee 176
Hirschhörnlkopf 67, 68
Hitscheralm 147

Hochalm 84, 87
Hocheck 132
Hochkreut 114
Hochplatte 164
Hochries 156

Jachenau 67
Jochberg 60
Josefstal 104

Karspitze 160, 163
Kesselbergsattel 60
Kleiner Traithen 124
Kochel am See 63
Kochelbergalm 36
Kranzberg 48
Kranzhorn 140, 143
Kranzhorn Alm 141, 148
Kreuth 92, 99
Kugelmühle 182

Laber 25
Lainbachfall 64
Leonhardstein 92

Marktschellenberg 183
Markus Wasmeier Freilicht-
  museum 106
Mordaualm 172

Neuhaus 104
Notkarspitze 29, 30

Oberammergau 28
Ohlstadt 32

Partnachklamm 44
Peiting 18
Pfundalm 68

Ramsau 172
Riessersee 36
Rossstein 88, 89, 91

Sachrang 160
Schaumburg 32
Schleifmühlenklamm 22
Schliersbergalm 108
Schliersee 109
Schnalzberg 18
Schopperalm 136
Sommerrodelbahn Blom-
  berg 72
Sommerrodelbahn Hocheck
  135
Sommerrodelbahn Schliers-
  bergalm 110
Sonnbergalm 88
Sonntraten 74
Staffn-Alm 164
Steckenbergkreuz 22
Stiealm 80
Stümpfling 100
Stutzenstein 63
Suttenstein 100
Sylvensteinspeicher 84

Tegernseer Hütte 90, 91
Tregler Alm 128

Urfeld 62

Veste Schaumburg 32
Vogelsang 124

Wachtlbahn 136
Walchensee 56, 58
Walchsee 146
Waller Alm 125
Wassererlebnisweg Weiß-
  achtal 96
Weißachalm 99
Wendelstein 114, 116

Ziegelwies 12
Zwiesel 70

Ein Tag, der bleibt.

Mit dem **Bayern-Ticket** zu den **schönsten Wanderzielen** Bayerns.

Ticket gilt auch in:

Wander-Tipps, DAV-Hüttensuche,
Kauf und weitere Infos unter
bahn.de/wandern
Die Bahn macht mobil.

Jetzt Fan werden!
fb.com/bayernticket

Regio Bayern

Impressum

Verantwortlich: Sabine Klingan
Redaktion: Christian Schneider
Layout und Piktogramme: Eva-Maria Klaffenböck
Umschlaglayout: ZERO Werbeagentur
Repro: Cromika, Verona
Kartografie: Bruckmann Verlag GmbH, Heidi Schmalfuß
Herstellung: Miriam Tönnes
Printed in Italy by Printer Trento

Sind Sie mit diesem Titel zufrieden? Dann würden wir uns über Ihre Weiterempfehlung freuen. Erzählen Sie es im Freundeskreis, berichten Sie Ihrem Buchhändler, oder bewerten Sie bei Onlinekauf.
Und wenn Sie Kritik, Korrekturen, Aktualisierungen haben, freuen wir uns über Ihre Nachricht an den Bruckmann Verlag, Postfach 40 02 09, D-80702 München oder per E-Mail an lektorat@verlagshaus.de.

Unser komplettes Programm finden Sie unter

Alle Angaben dieses Werkes wurden von den Autoren sorgfältig recherchiert und auf den neuesten Stand gebracht sowie vom Verlag geprüft. Für die Richtigkeit der Angaben kann jedoch keine Haftung übernommen werden.

Autorenempfehlung
Sie sind auf der Suche nach weiterführender Literatur? Dann empfehlen wir Ihnen den Titel «Das große Kinderwandererlebnisbuch Oberbayern». Oder Sie werfen einen Blick in die Zeitschrift «Bergsteiger». Hier werden Sie bestimmt fündig.
Ihre Lisa und Wilfried Bahnmüller und Michael Pröttel

Bildnachweis: Alle Bilder im Innenteil und auf der Umschlagrückseite stammen von den Autoren mit folgenden Ausnahmen:
Umschlagvorderseite: Junge läuft bergab im Chiemgau (Look-foto/Florian Wernert)
Umschlagrückseite: Über der Stiealm, Tour 17 (Lisa und Wilfried Bahnmüller)
Seite 1: Mit viel Spaß bewegen sich Kinder auch einmal Barfuß über den Auwaldpfad bei Füssen fort. S. 82, 83: Uli Wittmann
Tourennachweis: Lisa und Wilfried Bahnmüller: 1, 2, 3, 6, 7, 9, 10, 13, 15, 17, 20, 21, 22, 23, 24, 26, 27, 28, 29, 30, 31, 34, 36, 37, 38, 39, 40; Michael Pröttel: 4, 5, 11, 12, 14, 16, 18, 19, 25, 31, 32, 33, 37

Die Deutsche Nationalbibliothek verzeichnet diese Publikation in der Deutschen Nationalbibliografie; detaillierte bibliografische Daten sind im Internet über http://dnb.d-nb.de abrufbar.

© 2016 Bruckmann Verlag GmbH

ISBN 978-3-7343-0564-1